THE
SAVOY

COCKTAIL
BOOK

THE SAVOY COCKTAIL BOOK
by **THE SAVOY HOTEL**

Copyright © The Savoy Hotel Ltd 1952, 1965, 1985, 1996, 1999, 2014
First published in Great Britain in 1930 by Constable.

This revised and updated edition first published in the English language
in the United Kingdom in 2014 by Constable.

This Japanese language edition is published by arrangement with
Little, Brown Book Group, London
through Tuttle-Mori Agency, Inc., Tokyo.

日本の読者のみなさん

サヴォイ・カクテルブックの世界へようこそ！

　1930年に初めて出版して以来、世界中のバーテンダーに愛され続けてきた、「カクテルの原典」とも言うべき"The Savoy Cocktail Book"。伝説の名バーテンダー、ハリー・クラドックが著したそのカクテルブックが、いま、オリジナルの挿絵とともによみがえり、日本語版として出版されることになったのを、大変うれしく思います。

　この本を読むことで、皆さんが百年を超えるサヴォイ・ホテルの歴史を味わい、楽しんでいただければ、幸いです。そして、いつの日かぜひ、私たちの"アメリカン・バー"にいらしてください。この本に書かれたどんなカクテルでも、お作りします。それだけでなく、あなただけに合うとびきり素敵なカクテルも！

サヴォイ・ホテル
アメリカン・バー
ヘッド・バーテンダー
ピーター・ドレーリ

補足

本書内で使用されている単位に、フッカー（hooker）があります。これは、体積を示す英国の古い単位で、2オンスを意味します。

復刻版へのまえがき

カクテルはつねに、あの魅惑的なジャズエイジを語る存在であり、禁酒法時代におけるアルコールの魅力を象徴するものであり続けた。それは、初めて運行を開始した旅客機により、酒をとりあげられたアメリカ人がカクテルとパーティを求めて大西洋を横断した時代であったし、映画とティーダンス[注1]が盛んになって、裕福な有名人たちの生活が華麗をきわめた時代でもあったのだ。

この退廃的な1920年代から30年代にかけて、「ミックス・ドリンク」と呼ばれていたカクテルを飲める代表的な店が、サヴォイ・ホテルのアメリカン・バーだった。19世紀の終わりからあるこのバーは、前衛的な場所として人気が高く、禁酒法を逃れてきたアメリカ人たちが夜ごと詰めかけては、ダイキリやマンハッタンやドライ・マティーニを飲み干すようになった。そうした古典的カクテルはどれも本物の底力をもっていて、いまでもメニューに載っている。

このルネサンスに一役買ったのが、若きバーテンダー、ハリー・クラドックだった。彼は、サヴォイでカクテル作りの腕を磨くために、ロンドンへやってきた。1925年にアメリカン・バーのヘッド・バーテンダーになり、1930年に、この『サヴォイ・カクテルブック』を書いたのだった。「カクテル、リッキー、デイジー、スリング、シュラブ、スマッシュ、フィズ、ジュレップ、コブラー、フィックス、その他の飲み物の一覧」であるその本を読むと、ずいぶんと飲み方が変わったことや、とにかくたくさんのカクテルが普通に飲まれていたということがわかり、興味深い。当節、ハーキュリーズやアップルジャック、カペリティフを手に入れられる人がいるだろうか。逆に、当時も人気のあった材料のひとつ、アブサンは、最近になってふたたび流行している。

禁酒法時代のカクテル、たとえば「プリンセス・メアリー」や「ミスター・エリック・サットンズ・ジン・ブラインド」の起源は何だろうか。1930年代のレシピの多くは、史実に基づいた、植民地時代的ともいえる響きがする。「プランターズ・カクテル（農園主のカクテル）」、「コロネーション（戴冠式）」、「イースト・インディア（東インド）」、「プープ・デック（船尾楼甲板）」。ほかにも、「メアリー・ピックフォード」、「レイモン・ニュートン」、「ジーン・コリー」など、その時代を代表する名前のカクテルは数多くある[注2]。

注1：午後のお茶の時間に催すダンスパーティ。　注2：これらのカクテルは本文参照。

アメリカン・バーから始まって今日まで続いている伝統がある。それは特別な時のためにカクテルを創作することだ。バーの最初の管理者(カストディアン)、エイダ・コールマンは、サー・チャールズ・ホウトリーのために「ハンキー・パンキー」を作った。一方、ハリー・クラドックが酒好きに残した遺産のなかで最も色あせていないものは、この国に紹介したドライ・マティーニを別にすれば、なんといっても「ホワイト・レディ」だ。その後、バーテンダーのエディ・クラークは、戦争中に陸海空軍それぞれのためにカクテルを作り、さらに有名な二日酔いの特効薬、「プレイリー・オイスター」を考え出した。

　ほかにも、いろいろなできごとを記念して作られたカクテルがある。1947年、エリザベス王女とギリシャのフィリップ王子の結婚を祝して作られた「ウェディング・ベルズ」。1969年、月から帰還した宇宙飛行士たちに楽しんでもらうため、ヒューストンに送られた「ムーンウォーク」。そして、1946年、オーソン・ウェルズが当時のバーテンダーのヴィクター・ガウアーに教えた「ブラッディ・メアリー」などだ[注3]。

　現在のヘッド・バーテンダー、ピーター・ドレーリ率いるチームも、先達のように多くのカクテルを創作している。「レストレーション」は、1996年のサヴォイ改装を機に作られた。また、1992年の総選挙における三大政党のシンボル・カラーを模した、三色のカクテルもあるし、王族や名士のためのカクテルも少なくない。

　ドレーリはイタリアの銀行家一族の出身で、1965年にサヴォイに入り、「よいカクテル作りの基礎を築いてくれた師匠、ジョー・ギルモア」の指導のもと、技術を学んだ。その後、サヴォイが近くのパントン・ストリートに開いたストーンズ・ペブル・バーに移った。ドレーリは、その店で「輝かしき」13年間を過ごし、ロジャー・ムーアやショーン・コネリー、ロッド・スタイガー、リチャード・バートンなどに、膝がわらってしまうような強い酒を作った。「みなさん、午後の時間を心から楽しんで過ごされたものです」と彼は思い出を語る。

　ピーター・ドレーリは、時代とともにカクテルの楽しみ方がずいぶん変わってきたことに気づいている。「1950年代から60年代にかけては、カクテルを飲むのはホテルのバーと決まっていて、年輩の裕福なかたがたを惹きつけたものです。強くて力のあるショート・カクテル、たとえばマンハッタンやドライ・マティーニなどが、はやっていました」

注3：1930年以降創作のカクテルは本書にはない。

現代は、スピリッツよりジュースの比率の多いロング・カクテルに人気がある。最初にその変化が現れたのは、1970年代、ディスコが流行した時期だ。ドレーリは言う。「1980年代になると、カクテル・バーが急増しましたが、いまではまた、ホテルのバーがはやっています。熟練した技術があるからでしょう。国会議員や女優、銀行家、若いかたから年輩のかたまで、あらゆる人たちが私どものバーにいらっしゃいます。ジーンズのかたもいれば、タキシード姿のかたも」

ドレーリは、自分の仕事をこう考えている。「ホテルの中で最高の仕事です。先輩のヘッド・バーテンダーは6人しかいないのですから、本物の名誉ですね。自分の外向的な性格を表現することができますし。カクテルを作るのはとてもクリエイティヴで、演劇にも似たところがあります。お客様から即座に反応が返ってきますから」

アメリカン・バーそのものが、このようなぜいたくな気分を盛り上げる。ピアニストの生演奏があり、室内は非常に快適で居心地がよい。エレクトリック・ブルーとゴールドの椅子に、アールデコ調の幾何学模様のカーペットで調えられたバーは、たちまちカクテルの黄金時代を思い起こさせる——そして、いまも続いている気にさせる。いまでもアメリカン・バーのメニューに影響を与えているのは、この全盛期のレシピだ。「私どもは、オリジナルのレシピにこだわっています」とドレーリはいう。「ドライ・マティーニは、うちでもっとも人気のあるカクテルです。ジェイムズ・ボンド(『ステアでなくシェークで』は有名なせりふ) を抜きにしても、マティーニははやっています。グッときくカクテルが欲しいときには最適で、しかもいちばん潔いカクテルですから」

しかし、カクテルには変わっていく嗜好も反映しなければならない。「新しいジュースやリキュールが発売されたら、すぐに使います。たとえば、クランベリー・ジュースは、よく注文される二種類のカクテルに入っています。コスモボリタンと、シー・ブリーズです」興味深いことに、このふたつは若者だけではなく、あらゆる年齢層に好まれている。もっとも、「若い人はロング・アイランド・アイスティーが好きですね。むちゃくちゃな飲み物ですよ。ウオツカ、ジン、テキーラ、ホワイト・ラム、コアントロー、ライム・ジュースにコカ・コーラ——まるでロケットの燃料です!」

よいカクテルを作るためには技術があり、甘い材料と酸味のある材料との

バランスに関するルールがある。「ガリアーノやピーチ・シュナップス、マンゴー・ジュースやパッション・フルーツ・ジュースの味が勝ちすぎてしまって、スピリッツの味がしなくなることがあるんです。それに、グレープフルーツやグァバのように、ジュースどうしがぶつかりあうこともあります」

だが驚くべきことに、味だけが考慮されるわけではない。「見せ方がいちばん大切です。飾り物（ガーニッシュ）、色、グラス。見た目に楽しいものであれば、お客様はそそられます。香りがその次。それからが、味なんです。コンテストで新しいカクテルを審査するときは、この基準が使われます」

もうひとつの重要な領域は、シェークのしかただ。「カクテルをシェークするときは、**きちんとシェークすること！** 演出の手腕はこれで決まりますし、氷をシェーカーの端から端まで動かされなければ、カクテルは目覚めません。これをしなかったらインチキですよ、きまりを守っていないんですから」ドレーリは笑う。実のところ、カクテルを作る方法は3通りある。不透明で濁っているものはシェークする。透明なものは、やさしくステアする。そして濃厚なものは、ブレンダーを使うのだ。

ドレーリは、自分が気まぐれであることを認めながら、いま気に入っているカクテルはホワイト・ラシアンだという。ウオツカ、カルーア、生クリームのカクテルだ。「オン・ザ・ロックでお出ししますが、氷が溶けるにつれて味がよくなる、珍しいカクテルのひとつです。初めは濃厚ですが、だんだんさわやかになります。ブランデー・アレクサンダー[注4]では、こうはいきません。味が台無しになってしまいますから」

サヴォイ・ホテルのアメリカン・バーの営業時間は、月曜から土曜は午前11時半から午後12時まで、日曜は正午から午後12時まで。ライブ演奏は毎晩6時半から11時半まで（日曜のみ午後10時半まで）[注5]。

ピーター・ドレーリによるニュー・カクテルのレシピ（次項から）は、1930年のクラドックによる初版と同じく、計量の単位を10分の1単位にして書かれている。（1960年代の改訂版では現代と同じく、3分の1が使われた）

注4：カクテルのひとつ。　注5：営業時間は、2019年7月現在。

NEW COCKTAILS

ジン 2/10
ミドリ 2/10
リモンチェッロ 1/10
フレッシュ・マンゴー・ジュース 5/10

よくシェークして、あらかじめ冷やして
おいたカクテル・グラスに注ぎ、シャン
パンで満たす。マンゴー・カットとチェ
リーを飾る。

ミレニアム
Millennium

新作！

トラディショナル・カクテル

バカルディ・ラム 4/10
フレッシュ・クランベリー・
　ジュース 3/10
フレッシュ・パッション・フルーツ・
　ジュース 2/10
ポワール・ウィリアム 1/10
卵白

よくシェークしてカクテル・グラスに注
ぐ。ライム・カットとチェリーを飾る。

ザッツ・ライフ
That's Life

ジン 3/10
ピーチ・シュナップス 1/10
リモンチェッロ 1/10
フレッシュ・マンゴー・
　ジュース 3/10
フレッシュ・グレープフルーツ・
　ジュース 1/10
オルジェー・シロップ 1/10
卵白

よくシェークして、あらかじめ冷やして
おいたカクテル・グラスに注ぐ。ケー
プ・グーズベリー（シマホオズキ）を飾る。

エリーゼ
Elise

このカクテルは、1995年度
のMSヨーロッパ・カクテ
ル・コンペで優勝した。

注：エリーゼはピーター・ドレーリ
　　の娘の名前とのこと。

NEW COCKTAILS

ロング・ドリンク

ブラッシング・モナーク
Blushing Monarch

注：1993年にダイアナ妃をイメージして創案されたもの。はにかむ妃殿下、とでもいった意味。

ジン　3/10
カンパリ　2/10
オレンジ・キュラソー　2/10
フレッシュ・パッション・
　　フルーツ・ジュース　3/10

よくシェークしてカクテル・グラスに注ぐ。オレンジ・スライス、ライム・カット、チェリーを飾る。

ビー・ア・デヴィル
Be a Devil

テキーラ　1/2
フレッシュ・クランベリー・
　　ジュース　1/4
フレッシュ・ライム・ジュース　1/4
卵白

よくシェークしてカクテル・グラスに注ぐ。ライム・カットを飾る。

食後のカクテル

モントリオール・アフター・ダーク
Montreal After Dark

カナディアン・クラブ　1/3
カルーア　1/3
クレーム・ド・カカオ
　　（ホワイト）　1/3

よくシェークしてカクテル・グラスに注ぐ。クレーム・ド・マント（グリーン）を1ダッシュ混ぜたスプーン1の生クリームをフロートする。

NEW COCKTAILS

ノン・アルコール・カクテル

プリヴェンション
Prevention

フレッシュ・パッション・フルーツ・
　ジュース　2/10
フレッシュ・クランベリー・
　ジュース　2/10
フレッシュ・オレンジ・ジュース　2/10
フレッシュ・アップル・ジュース　2/10
フレッシュ・グレープフルーツ・
　ジュース　2/10
バナナ　半本

すべての材料をブレンドし、カクテル・グラスに注ぐ。オレンジ・スライス、ライム・カット、チェリー、ミントの小枝を飾る。

ヘルスライナー
Healthliner

フレッシュ・アップル・ジュース　2/10
フルーツ・ネクター
　またはフレッシュ・パッション・
　フルーツ・ジュース　3/10
フレッシュ・クランベリー・
　ジュース　3/10
ココナッツ・クリーム
　（メモ参照）　2/10
苺　2粒
桃　1個
生クリーム　2ダッシュ

すべての材料をブレンドしてカクテル・グラスに注ぎ、苺を飾る。

メモ：ココナッツ・クリームは缶入りのものが手に入る。見つからなかったら、クリームド・ココナッツのかたまりから作る。

サヴォイ
カクテル
ブック

私の考えにまちがいがないならば、
人が酒を飲む理由は5つある。
いいワインがあるから、友がいるから、のどが渇いたから。
あるいは、来るべき未来を恐れるから。
あるいは、これ以外のどんなことであれ、理由をつけては
酒を飲む。

———ヘンリー・オールドリッチ (1647-1710)

サヴォイ
カクテル
ブック

本書の大部分は、カクテル、リッキー、デイジー、スリング、シュラブ、スマッシュ、フィズ、ジュレップ、コブラー、フィックスその他、この1930年現在に広く人気を博している飲み物の、完全な一覧である。そうした飲み物に関する楽しく興味深い注もあるし、ワインとワインにふさわしい特別なひとときに関する、ささやかな情報も掲載した。また、いくらかは平等だった時代の上流社会の風俗習慣の解説ともなっている。

本書のカクテル・レシピは、
ロンドンにある
サヴォイ・ホテルの
ハリー・クラドックによって
まとめられた。
装画はギルバート・ランボールド
による。

これまででもっとも偉大なバーテンダー、プロフェッサー・ジェリー・トーマスが、ニューヨークはメトロポリタン・ホテルの〈ローリング・フィフティーズ〉で、かの有名な「ブルー・ブレイザー」を作っているところ。

本書を

あなたに

捧げる

序

ワインの正しい飲み方については、これまでにたくさんの本が書かれている。ちょっとしたカクテルの本にしても、パリやロンドンやニューヨークで、いいものがたくさん手に入るだろう。

だが、その**すべて**を知りたい熱心な学び手のための本は、いったいどこにあるというのか？ あらゆる素晴らしいワインについて、そのワインのための特別なひとときとともに語り、世に知られた**あらゆる**カクテルを語ってくれる本は、どこにあるのか？ いくら探しても見つけることのできなかった私たちは、自分たちでまとめるしかないと思ったのだ。

なに、図々しい？ そのとおり——しかも、私たちは警告されたのだ！ 書き手は損をするぞ、と。どのみち私たちとしては、何万ポンドかかろうとかまわない。とにかく、酒と酒の飲み方、カクテルとワインに関する完璧な、これ以上ないほど完璧な本が、書かれなくては**ならないのだ**。世界中の親切な友人諸君がみな読んでくれれば、それほどひどい売れ行きにはならないだろう。

はじめに

　酒が人を夢中にさせる原因について、すべての人が多少なりとも知っていたなら、アメリカ合衆国の禁酒法は、いまほど厳しくなかったかもしれない。いちばんの大きなまちがいは、ほとんど知らないか知りすぎているかの、二種類の人しかいないことである。知らない人は、知識が不足していることを認めず、酒を罵倒してその敵となるか、あるいは酒を怖れるあまり、酒を不気味な呪われたものとして忌み嫌う。一方知りすぎている人は、自分はくろうとであると考えていて、その方式に合わない飲み物はすべて受け入れないということになってしまうのだ。

　ワインというものは、男性の慰めのために創られた、つまり、男を始終あたふたさせる女性という存在の埋め合わせとして創られた、と言われる。重圧と緊張の続いたあとで、ワインは男の最高の友となるのだ。もう何年も前になるが、私よりいくつか年上の優れた男性がした、洞察力あふれる重要な発言を覚えている。そのとき私たちは、ある共通の友人の不幸について話していた。その友人は、働きすぎたあげく脳炎にかかってしまったのだ。彼は食べ物や飲み物を極端に少ししかとらない男で、それによって頭をはっきりさせることができると考えていた。ところが、節制は衰弱をはやめただけだったのである。

　「ねえきみ」年上の友人は言った。「これを僕らにとっての厳しい教訓にして、いつでもどこでも機会があるかぎり、できるだけたくさんのうまい食べ物を食べ、うまいワインを飲もうじゃないか。どれほど金がかかろうとも——だれが払ってくれようともね」

COCKTAILS

カクテル初心者のためのヒント

1. 氷は、どんなカクテルにとっても、ほぼ絶対に欠かせないものである。
2. 一度使った氷は、もう一度使ってはならない。
3. シェーカーは、すべての材料を入れても余裕のある大きさのものを使うほうが、よく混ざるということを覚えておこう。
4. シェーカーは、できるだけしっかりと振ること。ただ揺さぶるだけではいけない。カクテルを眠らせるのではなく、目覚めさせるのだから!
5. できれば、グラスは使う前に冷やしておく。
6. カクテルができたら、なるべく早めに飲んでしまうこと。かつてハリー・クラドックは、カクテルの最良の飲み方を訊かれて、こう答えた。「**さっさと飲むこと**。カクテルがあなたに微笑みかけているうちにね!」

目　次

	ページ
序	7
はじめに	8

第1部

カクテル：カクテルの歴史	13
カクテル	16
瓶詰め用に作るカクテル	182
ノン・アルコール・カクテル	184
禁酒法の国に適したカクテル	184
サワー	186
トディ	186
フリップ	187
エッグ・ノッグ	188
トム・コリンズ	189
スリング	190
シュラブ	191
サングリア	192
ハイボール	192
フィズ	193
クーラー	201
リッキー	203
デイジー	204
フィックス	205

目　次

	ページ
ジュレップ	206
スマッシュ	208
コブラー	209
フラッペ	209
パンチ	210
カップ	219

第2部

ワイン	222
序：すばらしいワインとの幸せなとき	223
ボルドー	230
シャンパーニュ	248
ブルゴーニュ	258
ホックスとモーゼル	266
ポート・ワイン	272
シェリー	276
最後に──特別なひとときについて	280
読者のメモ欄	282
訳者あとがき	287
索引	290

COCKTAILS

カクテルの歴史

カクテルを供する場所で出会う人のほとんどは、「カクテル」という言葉の由来なら知っていると思っている。ところが、何が由来なのか意見が一致したためしはない。

しかも多くの人は、カクテルの起源を60年から70年前あたりと考えているが[注]、いずれにせよまちがいと言える。というのも、1806年5月13日付けのアメリカの雑誌『ザ・バランス』に、こう書かれているからだ。「『カクテイル』は、さまざまなスピリッツと、砂糖や水、苦味剤（ビターズ）を混ぜた、刺激を与える飲み物。俗に『ビタード・スリング（苦みをつけた飲み物）』と呼ばれ、選り抜きの組み合わせで作られた飲み物なのである」私の知るかぎり、印刷物に載ったカクテルに関する記述としては、いちばん古いものだ。

歴史家たちはずっと「カクテル (cocktail)」という言葉に惑わされ、雄鶏の尾羽となんらかの関係があるのではないかと考えていた。しかし、この考えは正しくない。カクテルの由来について、確実かつ明白な真実はこうだ。

19世紀の初めころ、アメリカ南部の州軍とメキシコの王アホロートル8世のあいだが不和になった時期があった。小競り合いが繰り返され、1度か2度は戦闘になった。だが結局、休戦協定が結ばれることになり、メキシコ王は、アメリカ軍の将軍と会って和平の条件について交渉することに同意した。

注：1930年から起算して。

COCKTAILS

　会見の場所は王の大テントに決まったので、将軍はみずからテントを訪れ、王座の隣に腰を下ろした。交渉を始める前に、飲み物はどうかと王がすすめると、アメリカ人将軍である彼は、当然のことながら気軽に応じた。王が飲み物を命じると、まもなく現れたのは、息をのむような美女。細い指で捧げ持つルビーのちりばめられた金の杯には、彼女が調合したらしい珍しい飲み物が入っている。ところが次の瞬間には、不穏な静けさがその場を覆った。全員が、同時に同じことを考えたのだ。杯がたったひとつということは、王か将軍か、どちらかが先に飲まなければならず、あとになったほうは侮辱されたと感じることになるではないか。高まる緊張のなか、杯を手にした美女はその難しい状況を察したらしく、にっこり微笑むと、美しく結った頭を一同に向かってうやうやしく下げ、飲み物を自分で飲み干したのだった。緊張はすっかりほぐれ、交渉は満足のいく結果で終わった。将軍はテントを去る前に、あのすばらしく機転のきく女性の名を教えてもらえるだろうかと言った。彼女に会ったのはこれが初めてだったにもかかわらず、王は自慢げに答えた。「あれは余の娘、コクテル（Coctel）じゃ」

　「そうですか」と将軍。「お嬢さんの名前は、私の軍で永久に語り

COCKTAILS

継がれることでしょう」
　そう、このコクテルが、みなさんご存知のカクテルになったというわけだ！　この話には、疑問を差し挟む余地のない証拠があるのだが、それについては残念ながらいかなる質問にもお答えするわけにはいかない。
　カクテルの起源は以上のとおりだ。この時代より、カクテルを作る技術は格段に進歩した。次のページからは、数々のレシピを創案してまとめ、整理してきたカクテル作りの王、サヴォイ・ホテルのハリー・クラドックの技の粋を紹介する。この世界に、クラドックほどあらゆる飲み物に関する膨大な知識を持ち、それらを混ぜ合わせる方法と、どんな記念の行事にも合わせて新しいカクテルを作る方法を知りつくしている人物は、いないにひとしい。したがって、自信をもって本書をお奨めすることができる。もし本書に載っていない事柄があれば、それは載せる価値がないからなのだ。
　もうひとつ、本書の最後には、空白のページが残されている。これは、これから考え出される新しいカクテルを付け加えてもらうためのものだ。

COCKTAILS

カクテル

アビィ
The Abbey

ドライ・ジン　1/2
キナ・リレ　1/4
オレンジ・ジュース　1/4
アンゴスチュラ・ビターズ　1ダッシュ

よくシェークし、カクテル・グラスに注ぐ。

アブサン・カクテル
Absinthe Cocktail

アブサン　1/2
水　1/2
シロップ　1ダッシュ
アンゴスチュラ・ビターズ　1ダッシュ

よくシェークし、カクテル・グラスに注ぐ。

アブサン・カクテル（スペシャル）
Absinthe Cocktail (Special)

アブサン　2/3
ジン　1/6
アニゼット・シロップ
　またはガム・シロップ　1/6
オレンジ・ビターズ　1ダッシュ
アンゴスチュラ・ビターズ　1ダッシュ

よくシェークし、カクテル・グラスに注ぐ。

アブサン・ドリップ
Absinthe Drip

アブサン　リキュール・グラス1

ドリップ・スプーンに角砂糖を1個のせ、その上からアブサンをかけて溶かす。冷水で満たす。

COCKTAILS

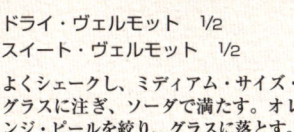

ドライ・ヴェルモット　1/2
スイート・ヴェルモット　1/2

よくシェークし、ミディアム・サイズ・グラスに注ぎ、ソーダで満たす。オレンジ・ピールを絞り、グラスに落とす。

アディントン
Addington

オレンジ・ビターズ　1ダッシュ
スイート・ヴェルモット　1/3
ドライ・シェリー　2/3

よくステアし、カクテル・グラスに注ぐ。

アドニス
Adonis

ドライ・ヴェルモット　1/3
スイート・ヴェルモット　1/3
スコッチ・ウイスキー　1/3
アンゴスチュラ・ビターズ　2ダッシュ

よくステアし、カクテル・グラスに注ぐ。レモン・ピールを絞り、グラスに落とす。

アフィニティ
Affinity

プリュネル・ブランデー　1/2
チェリー・ブランデー　1/2
レモン・ジュース　4ダッシュ

よくシェークし、シェリー・グラスに注ぐ。

アフター・ディナー
After Dinner

アプリコット・ブランデー　1/2
キュラソー　1/2

よくシェークし、カクテル・グラスに注ぐ。

アフター・ディナー
（スペシャル）
After Dinner (Special)

アプリコット・ブランデー　1/2
キュラソー　1/2
レモン・ジュース　4ダッシュ

よくシェークし、カクテル・グラスに注ぐ。

アフター・サパー
After Supper

COCKTAILS

アラスカ
Alaska

ドライ・ジン　3/4
シャルトリューズ（イエロー）　1/4
よくシェークし、カクテル・グラスに注ぐ。

確かめたかぎり、この美しい飲み物は、イヌイット族の名産品ではない。サウス・カロライナ州で考案されたので、この名前となったのだろう。

アルバーティーン
(6人分)
Albertine

キルシュ　グラス2
コアントロー　グラス2
シャルトリューズ　グラス2
マラスキーノ　数ドロップ
よくシェークし、カクテル・グラスに注ぐ。

アレクサンダー
(No.1)
Alexander (No.1)

ドライ・ジン　1/2
クレーム・ド・カカオ　1/4
生クリーム（加糖）　1/4
よくシェークし、カクテル・グラスに注ぐ。

アレクサンダー
(No.2)
Alexander (No.2)

クレーム・ド・カカオ　1/3
ブランデー　1/3　　生クリーム　1/3
よくシェークし、カクテル・グラスに注ぐ。

アレクサンダーズ・シスター
Alexander's Sister

ジン　1/3　　クリーム　1/3
クレーム・ド・マント　1/3
よくシェークし、カクテル・グラスに注ぐ。

ご婦人は、できるだけこのカクテルを避けたほうがよろしい。

アルフォンソ
Alfonso

ミディアム・サイズのワイン・グラスに角砂糖を1個入れ、その上にセクレスタ・ビターズを2ダッシュ振りかける。

氷1個を加え、デュボネ グラス1/4を注ぐ。シャンパンで満たし、レモン・ピールを絞って軽くステアする。

アルフォンソ（スペシャル）
Alfonso (Special)

アンゴスチュラ・ビターズ　1ダッシュ
スイート・ヴェルモット　4ダッシュ
ドライ・ジン　1/4
ドライ・ヴェルモット　1/4
グラン・マルニエ　1/2

よくシェークし、カクテル・グラスに注ぐ。

アリス・マイン
Alice Mine

スイート・ヴェルモット　1/2
ロシアン・キュンメル　1/2
スコッチ・ウイスキー　2ダッシュ

よくシェークし、カクテル・グラスに注ぐ。

アレン（スペシャル）
Allen (Special)

レモン・ジュース　1ダッシュ
マラスキーノ　1/3
プリマス・ジン　2/3

よくシェークし、カクテル・グラスに注ぐ。

アライズ
Allies

ドライ・ジン　1/2
ドライ・ヴェルモット　1/2
キュンメル　2ダッシュ

よくシェークし、カクテル・グラスに注ぐ。

注：アライズは大戦中の「連合国」。

COCKTAILS

アーモンド・カクテル
（6人分）
Almond Cocktail

軽く温めたジン グラス2に、パウダー・シュガー ティースプーン1を加える。

この中に、皮をむいたアーモンド6粒、あればピーチ・カーネル1粒を砕いたものを加えて冷ます。冷めたら、キルシュ（ピーチ・ブランデーの一種）デザートスプーン1、ドライ・ヴェルモット グラス1、甘口の白ワイン グラス2を加える。

氷をたっぷり加え、よくシェークする。

アメリカン・ビューティ
American Beauty

クレーム・ド・マント　1ダッシュ
オレンジ・ジュース　1/4
グレナデン・シロップ　1/4
ドライ・ヴェルモット　1/4
ブランデー　1/4

よくシェークし、ミディアム・サイズ・グラスに注ぎ、ポート・ワインを少々フロートする。

エンジェル・フェイス
Angel Face

ドライ・ジン　1/3
アプリコット・ブランデー　1/3
カルヴァドス　1/3

よくシェークし、カクテル・グラスに注ぐ。

エンジェルズ・キス
Angel's Kiss

クレーム・ド・カカオ　1/4
プリュネル・ブランデー　1/4
クレーム・ド・ヴァイオレット　1/4
生クリーム（加糖）　1/4

材料が混じり合わないように、リキュール・グラスにそっと注ぐ。

COCKTAILS

クレーム・ド・カカオ
　　リキュール・グラス 3/4
生クリーム　1/4

リキュール・グラスにクレーム・ド・カカオを注ぎ、生クリームをフロートする。

エンジェルズ・ティップ
Angel's Tip

クレーム・ド・カカオ　1/2
プリュネル・ブランデー　1/2

材料が混じり合わないように、リキュール・グラスにそっと注ぐ。生クリーム（加糖）をフロートする。

エンジェルズ・ウィング
Angel's Wing

ラズベリー・シロップ　1/3
マラスキーノ　1/3
クレーム・ド・ヴァイオレット　1/3

材料が混じり合わないように、リキュール・グラスにそっと注ぐ。

エンジェルズ・ウィングズ
Angel's Wings

彼女のお気に召さなかったら、あなたが飲む必要はない。さっさと近くの花瓶に注いでしまおう。

アンゴスチュラ・ビターズ　2ダッシュ
オレンジ・ビターズ　2ダッシュ
ハーキュリーズ　1/3
ドライ・ジン　2/3

よくシェークし、カクテル・グラスに注ぐ。

アングラー
Angler

アンゴスチュラ・ビターズ　1ダッシュ
ハーキュリーズ　1/4
コアントロー　1/4
カルヴァドス
　　またはアップル・ブランデー　1/2

よくシェークし、カクテル・グラスに注ぐ。

アンティ
Ante

ドライ・ジン　1/2　　デュボネ　1/2
アブサン　1ダッシュ

よくシェークし、カクテル・グラスに注ぐ。

アパレント
Apparent

COCKTAILS

アペタイザー
Appetiser

ジン　1/2
デュボネ　1/2
オレンジ果汁　1/2個分
よくシェークし、カクテル・グラスに注ぐ。

アップル
（6人分）
Apple

スイート・サイダー　グラス2
ジン　グラス1　　ブランデー　グラス1
カルヴァドス　グラス2
シェークする。

医者が飲ませたがらないカクテル。

アップルジャック・カクテル
Apple Jack Cocktail

アンゴスチュラ・ビターズ　1ダッシュ
スイート・ヴェルモット　1/2
カルヴァドス　1/2
よくシェークし、カクテル・グラスに注ぐ。

アップルジャック・カクテル
（スペシャル）
Apple Jack Cocktail (Special)

アップルジャック　2/3
グレナデン・シロップ　1/6
レモン・ジュース　1/6
よくシェークし、カクテル・グラスに注ぐ。

アップルジャック・ラビット
The Apple Jack Rabbit

アップルジャック　1フッカー
レモン果汁　1個分
オレンジ果汁　1個分
メープル・シロップ　1フッカー
よくシェークし、カクテル・グラスに注ぐ。

COCKTAILS

バカルディ・ラム　1/2
スイート・ヴェルモット　1/2
アプリコット・ブランデー　4ダッシュ
グレナデン・シロップ　2ダッシュ
レモン・ジュース　4ダッシュ

よくシェークし、カクテル・グラスに注ぐ。

アップル・パイ
Apple Pie

ライ・ウイスキー　または
　　カナディアン・クラブ・ウィスキー
　　ワイン・グラス3/4
アンゴスチュラ・ビターズ　2ダッシュ
キュラソー　2ダッシュ

よくシェークし、ワイン・グラスに注ぐ。レモンを絞り、オレンジ・ピールを落とす。

アプルーヴ
Approve

レモン・ジュース　1/4
オレンジ・ジュース　1/4
アプリコット・ブランデー　1/2
ドライ・ジン　1ダッシュ

よくシェークし、カクテル・グラスに注ぐ。

アプリコット
Apricot

アプリコット2個をそれぞれ半分に切り、種を砕いて、コニャック　グラス1 1/2に2時間漬けておく。ピーチ・ビターズ　ティースプーン2、ジン　グラス2、ドライ・ヴェルモット　グラス2を加える。

よくシェークし、カクテル・グラスに注ぐ。

アプリコット
（ドライ）
（6人分）
Apricot (Dry)

COCKTAILS

アプリコット
（スイート）
（6人分）
Apricot (Sweet)

ティースプーン1のアプリコット・ジャムを、アプリコティーヌ グラス1でのばす。

ピーチ・ビターズ ティースプーン1、ジン グラス2弱、ドライ・ヴェルモット グラス2 1/2を加える。

シェーカーに以上の材料を入れ、氷の上にのせて冷やす。じゅうぶんに冷えたら、グラス2〜3のクラッシュ・アイスを入れ、よくシェークする。カクテル・グラスに注ぐ。

アーティルリー
Artillery

スイート・ヴェルモット　1/3
ドライ・ジン　2/3

よくシェークし、カクテル・グラスに注ぐ。

アーティスツ
（スペシャル）
Artist's (Special)

ウイスキー　1/3　　シェリー　1/3
レモン・ジュース　1/6
グロセイユ・シロップ　1/6

よくシェークし、カクテル・グラスに注ぐ。

このカクテルは、パリのバル・ビュイエ[注]で飲まれていた、正真正銘の"インスピレーションのインク"である。レシピは、パリはピガール通りのアーティスツ・クラブのもの。

注：ドローネー（フランスの画家、1885-1941）などモダニストが集まったダンスホール。

アストリア
Astoria

オレンジ・ビターズ　1ダッシュ
ジン　2/3
ドライ・ヴェルモット　1/3

よくシェークし、カクテル・グラスに注ぐ。スタッフト・オリーヴを添える。

アッタ・ボーイ
Atta Boy

ドライ・ヴェルモット　1/3
ドライ・ジン　2/3
グレナデン・シロップ　4ダッシュ

よくシェークし、カクテル・グラスに注ぐ。

注：アッタ・ボーイは口語で"でかした"などの意味。

COCKTAILS

ドライ・ヴェルモット　1/4
アブサン　3ダッシュ
ドライ・ジン　3/4
クレーム・ド・ヴァイオレット
　　3ダッシュ

よくシェークし、カクテル・グラスに注ぐ。

アティ
Atty

レモン・ジュース　1/3
ドライ・ジン　2/3
マラスキーノ　2ダッシュ

よくシェークし、カクテル・グラスに注ぐ。

アヴィエーション
Aviation

ジン　1ダッシュ
生クリーム（加糖）　1/3
アプリコット・ブランデー　2/3

よくシェークし、カクテル・グラスに注ぐ。

バビーズ・スペシャル
Babbie's Special

グレナデン・シロップ
　　ティースプーン1
バローズ・ビーフィーター・ジン　1/3
バカルディ・ラム　2/3
ライム果汁　1/2個分

よくシェークし、カクテル・グラスに注ぐ。

バカルディ・スペシャル *
Bacardi Special

* 『ニューヨーク・ニューズペーパー』の有名コラムニスト、カール・K・キッチンによって世に知れ渡った。

オレンジ・ジュース　グラス1/2
コアントロー　グラス1/2
シェリー　グラス3
オレンジ・ビターズ　1ダッシュ
ピメント・ドラム・リカー　2ダッシュ

シェーカーを砕いた氷で満たし、材料を入れてよくシェークする。オリーヴを添える。

バーム
（6人分）
Balm

COCKTAILS

バーバラ
Barbara

> 生クリーム　1/4
> クレーム・ド・カカオ　1/4
> ウオツカ　1/2
>
> よくシェークし、カクテル・グラスに注ぐ。

バーバリー・コースト
The Barbary Coast

> ジン　1/4
> スコッチ・ウイスキー　1/4
> クレーム・ド・カカオ　1/4
> 生クリーム　1/4　砕いた氷
>
> ハイボール・グラスでサーヴする。

バーニー・バーナートウ
Barney Barnato

> アンゴスチュラ・ビターズ　1ダッシュ
> キュラソー　1ダッシュ
> カペリティフ　1/2
> ブランデー　1/2
>
> よくステアし、カクテル・グラスに注ぐ。

バロン
Baron

> キュラソー　6ダッシュ
> スイート・ヴェルモット　2ダッシュ
> ドライ・ヴェルモット　1/3
> ドライ・ジン　2/3
>
> よくシェークし、カクテル・グラスに注ぐ。

バートン・スペシャル *
Barton Special

> カルヴァドス
> 　またはアップル・ブランデー　1/4
> スコッチ・ウイスキー　1/4
> ドライ・ジン　1/2
>
> よくシェークし、カクテル・グラスに注ぐ。

* ブルース・バートンは、このカクテルをどうしたのだろう？

COCKTAILS

かきまぜた卵4個にドライ・ジン
　　　グラス4を加えたもの
チェリー・ブランデー
　　　またはキュラソー　グラス2/3
レモン・ジュース　グラス1/2
オレンジ・ビターズ　4ダッシュ
パウダー・シュガー
　　　テーブルスプーン 1/2
ヴァニラ香料　テーブルスプーン1

よくシェークし、ミディアム・サイズ・グラスに注ぐ。おろしたナツメグを振りかける。パウダー・シュガーをグラスの縁にまぶす。

バス・ワイアット
（5人分）
Bass Wyatt

グレナデン・シロップ　1/3
ドライ・ジン　2/3
生クリーム　ティースプーン1
よくシェークし、カクテル・グラスに注ぐ。

ベルモント
Belmont

アンゴスチュラ・ビターズ　2ダッシュ
ライム・ジュース　1/4
ドライ・ジン　3/4
よくシェークし、カクテル・グラスに注ぐ。

ベネット
Bennett

カルヴァドス
　　　またはアップル・ブランデー　1/2
デュボネ　1/2
よくシェークし、カクテル・グラスに注ぐ。

ベントリー
Bentley

COCKTAILS

ベリー・ウォール
Berry Wall

ドライ・ジン　1/2
スイート・ヴェルモット　1/2
キュラソー　4ダッシュ

よくシェークし、カクテル・グラスに注ぐ。
レモン・ピールを絞る。

**ビトウィーン・
ザ・シーツ**
Between-the-Sheets

レモン・ジュース　1ダッシュ
ブランデー　1/3
コアントロー　1/3
バカルディ・ラム　1/3

よくシェークし、カクテル・グラスに注ぐ。

**ビクス・
スペシャル**
Bich's Special

アンゴスチュラ・ビターズ　1ダッシュ
キナ・リレ　1/3
ドライ・ジン　2/3

よくシェークし、カクテル・グラスに注ぐ。
オレンジ・ピールを絞る。

ビフィ
Biffy

レモン・ジュース　1/4
スウェディッシュ・パンチ　1/4
ドライ・ジン　1/2

よくシェークし、カクテル・グラスに注ぐ。

ビッグ・ボーイ
Big Boy

ブランデー　1/2
コアントロー　1/4
シロ・ド・シトロン　1/4

よくシェークし、カクテル・グラスに注ぐ。

ビジュー
Bijou

プリマス・ジン　1/3
オレンジ・ビターズ　1ダッシュ
シャルトリューズ（グリーン）　1/3
ガンチア・スイート・ヴェルモット　1/3

ラージ・バーグラスに材料を入れ、スプーンでよく混ぜる。カクテル・グラスに注ぎ、チェリーかオリーヴを添える。
レモン・ピールを絞る。

COCKTAILS

オレンジ・ビターズ　1ダッシュ
デュボネ　1/4　　ジン　1/4
カペリティフ　1/2
よくシェークし、カクテル・グラスに注ぐ。

ビルトン・ドライ
Biltong Dry

ジン　グラス3
少量の砂糖を加えたレモン・ジュース
　　グラス1 1/2
シャルトリューズ（グリーン）
　　グラス1 1/2
シェークする前に、アブサン　1ダッシュ
を加える。
よくシェークし、カクテル・グラスに注ぐ。

バイター
（6人分）
Biter

アンゴスチュラ・ビターズ　3ダッシュ
アブサン　3ダッシュ
アイリッシュ・ウイスキー　1/2
ドライ・ヴェルモット　1/2
よくシェーク
し、カクテ
ル・グラスに
注ぐ。

ブラックソーン
Blackthorn

COCKTAILS

ブラック・ヴェルヴェット
Black Velvet

ロング・タンブラーを用いる。
ギネス・スタウト　1/2
シャンパン　1/2

混ざらないようにそっと注ぐ。

ブランシュ
Blanche

コアントロー　1/3
アニゼット　1/3
ホワイト・キュラソー　1/3

よくシェークし、カクテル・グラスに注ぐ。

ブレントン
Blenton

アンゴスチュラ・ビターズ　1ダッシュ
ドライ・ヴェルモット　1/3
プリマス・ジン　2/3

よくシェークし、カクテル・グラスに注ぐ。

ブロック・アンド・フォール
Block and Fall

アニス・デル・オーソ　またはアブサン　1/6
カルヴァドス　1/6　　ブランデー　1/3
コアントロー　1/3

ステアしてカクテル・グラスに注ぐ。

ブラッド・アンド・サンド
Blood and Sand

オレンジ・ジュース　1/4
スコッチ・ウイスキー　1/4
チェリー・ブランデー　1/4
スイート・ヴェルモット　1/4

よくシェークし、カクテル・グラスに注ぐ。

ブラッドハウンド
Bloodhound

ドライ・ヴェルモット　1/4
スイート・ヴェルモット　1/4
ドライ・ジン　1/2
つぶした苺　2〜3個

よくシェークし、カクテル・グラスに注ぐ。

COCKTAILS

ブルー・バード
Blue Bird

アンゴスチュラ・ビターズ
　　4ダッシュ
ジン　ワイン・グラス3/4
オレンジ・キュラソー　5ダッシュ

よくシェークし、カクテル・グラスに注ぐ。

ブルー・ブレイザー
Blue Blazer

取っ手つきで大きめの、銀メッキされたマグをふたつ使う。
スコッチ・ウイスキー　ワイン・グラス1
熱湯　ワイン・グラス1

ウイスキーを一方のマグに入れ、熱湯をもう一方のマグに入れる。ウイスキーをフランベして、一方のマグからもう一方のマグに中味を流しこむ。炎が消えないうちに、これを4、5回繰り返して材料を混ぜる。うまくいけば、燃える液体が途切れなく流れているように見えるはずだ。

パウダー・シュガー　ティースプーン1で甘味をつけ、スモール・バー・タンブラーに注ぐ。レモン・ピールを添える。

"ブルー・ブレイザー"は、響きのよい名でも典雅な名でもないが、耳に入ってくる音はさておき、口中の味わいはよい。熟練した作り手がこの飲み物を作るところを初めて目にした人は、バッカス[注1]よりもプルートー[注2]に似合う神酒だと思うにちがいない。この飲み物を作る場合、初心者はやけどしないように気をつけること。片方のマグからもう片方のマグに中味を流しこむのがうまくなるまでに、何度か水で練習すべきだろう。

注1：酒の神。
注2：冥界の神。

ブルー・デヴィル
Blue Devil

ドライ・ジン　1/2
レモン・ジュース
　　またはライム・ジュース　1/4
マラスキーノ　1/4
ブルー・ヴェジタブル・エクストラクト
　　1ダッシュ

よくシェークし、カクテル・グラスに注ぐ。

COCKTAILS

ブルー・マンデー
Blue Monday

コアントロー　1/4　ウオツカ　3/4
ブルー・ヴェジタブル・エクストラクト
1ダッシュ
よくシェークし、カクテル・グラスに注ぐ。

ブルー・トレイン
Blue Train

レモン・ジュース　1/4
コアントロー　1/4
ドライ・ジン　1/2
ブルー・ヴェジタブル・エクストラクト
1ダッシュ
よくシェークし、カクテル・グラスに注ぐ。

ブルー・トレイン・
スペシャル
（6人分）
The Blue Train Special

シェーカーに砕いた氷を満たし、ブランデー　グラス1、パイナップル・シロップ　グラス1を注ぐ。注意深くシェークし、シャンパン　グラス3を加える。もう一振りしたら、それ以上ぐずぐずしないでサーヴする。

ブルーズ
（6人分）
Blues

グラス4のウイスキーとグラス1のキュラソーに、ティースプーン1のプルーン・シロップを加える。

たっぷりの砕いた氷の上に注ぎ、いつもより長くじゅうぶんにシェークする。冷たいうちにサーヴする。

このカクテルは、憂鬱な気分のときにはそれを追いはらってくれるが、そうでないときには 憂鬱(ブルー・デヴィル) をもたらす。

スイート・ヴェルモット 1/2
スコッチ・ウイスキー 1/2
ベネディクティン 3ダッシュ

よくシェークし、カクテル・グラスに注ぐ。
レモン・ピールを絞る。

* ウイスキー・ベースのカクテルの中でも最高の一品。聖アンデレの日^注には非常によく出る。

注：スコットランドの守護聖人アンデレの祝日で、11月30日。

ボビー・バーンズ *
Bobby Burns

レモン果汁 1/4個分
　　またはライム果汁 1/2個分
オレンジ果汁 1/4個分
バカルディ・ラム ワイン・グラス1/2
砂糖 ティースプーン1

よくシェークし、カクテル・グラスに注ぐ。

ボーロー
Bolo

レモン・ジュース 4ダッシュ
イースト・インディア・パンチ
　　ワイン・グラス3/4

よくシェークし、カクテル・グラスに注ぐ。

ボンベイ (No.1)
Bombay (No.1)

アブサン 1ダッシュ
キュラソー 2ダッシュ
ドライ・ヴェルモット 1/4
スイート・ヴェルモット 1/4
ブランデー 1/2

よくシェークし、カクテル・グラスに注ぐ。

ボンベイ (No.2)
Bombay (No.2)

レモン・ジュース 1ダッシュ
アンゴスチュラ・ビターズ 1ダッシュ
ドライ・ヴェルモット 1/3
カナディアン・クラブ・ウイスキー 1/3
スウェディッシュ・パンチ 1/3

よくシェークし、カクテル・グラスに注ぐ。

ブーメラン
Boomerang

COCKTAILS

ブースター
Booster

キュラソー　4ダッシュ
卵白　1個分
ブランデー　グラス1

よくシェークし、ミディアム・サイズ・グラスに注ぐ。ナツメグを振りかける。

ボザム・カレッサー *
Bosom Caresser

卵黄　1個分
グレナデン・シロップ　ティースプーン1
キュラソー　1/3　　ブランデー　2/3

よくシェークし、ミディアム・サイズ・グラスに注ぐ。

* このカクテルは、「ボビー・ジョーンズ」または「フランシス・ウイメット」という名でもよいだろう。このふたりの紳士は、いつも好みをなかなか教えてくれないが、明らかにこのカクテルは好きだった。注

注：カクテル名は"胸を愛撫する人"とでもいう意味。

ブレインストーム
Brainstorm

アイリッシュ・ウイスキー
　ワイン・グラス1/2
ベネディクティン　2ダッシュ
ドライ・ヴェルモット　2ダッシュ

オレンジ・ピールを絞る。よくステアし、カクテル・グラスに注ぐ。

ブランデー・カクテル
Brandy Cocktail

キュラソー　2ダッシュ
ブランデー　ワイン・グラス3/4

よくステアし、カクテル・グラスに注ぐ。

ブランデー・ブレイザー
Brandy Blazer

小さめで厚手のマグを使う。
角砂糖　1個
オレンジ・ピール　1片
レモン・ピール　1片
ブランデー　グラス1

マッチで火をつけ、長いスプーンで数秒間ステアし、カクテル・グラスに注ぐ。

お望みなら、燃えているうちに飲んでもかまわない。

COCKTAILS

小さめのワイン・グラスを使う。
グラスの縁をレモンで湿らせ、グラニュー糖でフロストする[注]。レモン1/2個分の果皮を螺旋状にむいてグラスの中に入れ、砕いた氷を満たしておく。
マラスキーノ　3ダッシュ
アンゴスチュラ・ビターズ　1ダッシュ
レモン・ジュース　4ダッシュ
キュラソー　1/4
ブランデー　3/4

よくステアし、用意しておいたグラスに注ぎ、オレンジ・スライスを添える。

注：スノースタイルにする。

ブランデー・クラスタ
Brandy Crusta

ブランデー　1フッカー
レモン果汁　1個分
グレナデン・シロップ　2ダッシュ
よくシェークし、カクテル・グラスに注ぐ。

ブランデー・ガンプ
Brandy Gump

ガム・シロップ　3〜4ダッシュ
ビターズ　2〜3ダッシュ
ブランデー　ワイン・グラス1
キュラソー　1〜2ダッシュ

レモン・ピールを絞り、グラスの3分の1まで氷を入れる。スプーンでステアする。

ブランデー・スペシャル
Brandy Special

アンゴスチュラ・ビターズ　1ダッシュ
スイート・ヴェルモット　1/4
ブランデー　3/4
よくステアし、カクテル・グラスに注ぐ。

ブランデー・ヴェルモット
Brandy Vermouth

COCKTAILS

ブラジル
Brazil

- アンゴスチュラ・ビターズ 1ダッシュ
- アブサン 1ダッシュ
- ドライ・ヴェルモット 1/2
- シェリー 1/2

よくステアし、カクテル・グラスに注ぐ。レモン・ピールを絞る。

ブレクファスト
Breakfast

- グレナデン・シロップ 1/3
- ドライ・ジン 2/3　卵白 1個分

よくシェークし、大きめのワイン・グラスに注ぐ。

ブロードウェイ・スマイル
Broadway Smile

- クレーム・ド・カシス 1/3
- スウェディッシュ・パンチ 1/3
- コアントロー 1/3

材料が混じり合わないように、リキュール・グラスにそっと注ぐ。

ブロークン・スパー
Broken Spur

卵黄　1個分
ジン　1/6
ガンチア・スイート・ヴェルモット　1/6
ホワイト・ポート　2/3
マリー・ブリザール・アニゼット
　　ティースプーン1

よくシェークし、カクテル・グラスに注ぐ。

ブロンクス
Bronx

オレンジ果汁　1/4個分
ドライ・ヴェルモット　1/4
スイート・ヴェルモット　1/4
ドライ・ジン　1/2

よくシェークし、カクテル・グラスに注ぐ。

ブロンクス（シルヴァー）
Bronx (Silver)

オレンジ果汁　1/4個分
卵白　1個分
ドライ・ヴェルモット　1/4
スイート・ヴェルモット　1/4
ドライ・ジン　1/2

よくシェークし、大きめのワイン・グラスに注ぐ。

ブロンクス・テラス
Bronx Terrace

ジン　2/3
ドライ・ヴェルモット　1/3
ライム果汁　1/2個分

よくシェークし、カクテル・グラスに注ぐ。

COCKTAILS

ブルックリン
Brooklyn

アメール・ピコン　1ダッシュ
マラスキーノ　1ダッシュ
カナディアン・クラブ・ウイスキー　2/3
ドライ・ヴェルモット　1/3

よくシェークし、カクテル・グラスに注ぐ。

ブリュネル
Brunelle

アブサン　1/4
砂糖　テーブルスプーン1/2
レモン・ジュース　3/4

よくシェークし、カクテル・グラスに注ぐ。

バズ・スペシャル
Buds Special

アンゴスチュラ・ビターズ　1ダッシュ
生クリーム（加糖）　1/3
コアントロー　2/3

よくステアし、カクテル・グラスに注ぐ。

ブルドッグ
Bull-dog

ラージ・タンブラーに角氷を2〜3個入れ、オレンジ果汁1個分、ジン　グラス1を加える。ジンジャー・エールで満たす。
ステアし、ストローを添えてサーヴする。

注：現在ではブルドッグ・ハイボールと呼ばれるもの。

バニー・ハグ
Bunny Hug

ジン　1/3　　ウイスキー　1/3
アブサン　1/3

よくシェークし、カクテル・グラスに注ぐ。

このカクテルは、手遅れにならないうちにさっと流しに捨ててしまうべきだ。

ブッシュレンジャー
Bushranger

アンゴスチュラ・ビターズ　2ダッシュ
カペリティフ　1/2
バカルディ・ラム　1/2

よくステアし、カクテル・グラスに注ぐ。

COCKTAILS

バカルディ・ラム 1/3
ドライ・ジン 1/3
ドライ・ヴェルモット 1/3
よくシェークし、カクテル・グラスに注ぐ。

B・V・D
B.V.D.

ジンジャー・エール リキュール・グラス1
キュラソー リキュール・グラス1
ポートワイン リキュール・グラス1
シェリー リキュール・グラス1
よくシェークし、カクテル・グラスに注ぐ。

バイキュラ
Byculla

ドライ・ヴェルモット 1/3
カナディアン・クラブ・ウイスキー 1/3
ビイル・ワイン 1/3
よくシェークし、カクテル・グラスに注ぐ。

ビイル
Byrrh

ビイル・ワイン グラス1
クレーム・ド・カシス 1/2
ミディアム・サイズ・グラスに注ぎ、ソーダで満たす。

ビイル・カシス
Byrrh Cassis

ビイル・ワイン 1/2
トム・ジン 1/2
よくステアし、カクテル・グラスに注ぐ。

ビイル・スペシャル
Byrrh Special

アブサン 1ダッシュ
アンゴスチュラ・ビターズ 1ダッシュ
ドライ・ジン 1/2
カペリティフ 1/2
よくシェークし、カクテル・グラスに注ぐ。
チェリーを添える。

キャバレー
Cabaret

COCKTAILS

ケーブルグラム
Cablegram

レモン果汁　1/2個分
パウダー・シュガー
　　テーブルスプーン1/2
カナディアン・クラブ・ウイスキー
　　グラス1

よくシェークし、ロング・タンブラーに注ぎ、ジンジャー・エールで満たす。

カフェ・ド・パリ
Café de Paris

卵白　1個分
アニゼット　3ダッシュ
生クリーム　ティースプーン1
ドライ・ジン　グラス1

よくシェークし、ミディアム・サイズ・グラスに注ぐ。

カフェ・キルシュ
Café Kirsch

卵白　1個分
キルシュ　リキュール・グラス1
砂糖　テーブルスプーン1/2
アイス・コーヒー　スモール・グラス1

よくシェークし、カクテル・グラスに注ぐ。

カルヴァドス・カクテル
（6人分）
Calvados Cocktail

カルヴァドス　グラス2
オレンジ・ジュース　グラス2
コアントロー　グラス1
オレンジ・ビターズ　グラス1

たっぷりの氷を加え、ていねいにシェークする。

上記のヴァリエーションとして

カルヴァドス　グラス3
甘くしたレモン・ジュース　グラス3

じゅうぶんにシェークしてサーヴする。

COCKTAILS

スコッチ・ウイスキー　1/3
アイリッシュ・ウイスキー　1/3
レモン・ジュース　1/6
オルジェー・シロップ　1/6
よくシェークし、カクテル・グラスに注ぐ。

**キャメロンズ・
キック**
Cameron's Kick

ドライ・ジン　1/2
コアントロー　1/4
キナ・リレ　1/4
よくシェークし、カクテル・グラスに注ぐ。

キャムデン
Campden

レモン果汁　1/4個分
パウダー・シュガー
　　テーブルスプーン1/4
キュラソー　リキュール・グラス1
ジャマイカ・ラム　3ダッシュ
よくシェークし、カクテル・グラスに注ぐ。

カナディアン
Canadian

COCKTAILS

カナディアン・
ウイスキー・
カクテル
Canadian Whisky Cocktail

アンゴスチュラ・ビターズ　2ダッシュ
ガム・シロップ　ティースプーン2
カナディアン・クラブ・ウイスキー
　　グラス1

よくシェークし、カクテル・グラスに注ぐ。

ケープ
Cape

ドライ・ジン　1/3
カペリティフ　1/3
オレンジ・ジュース　1/3

よくシェークし、カクテル・グラスに注ぐ。

ケープタウン
Capetown

アンゴスチュラ・ビターズ　1ダッシュ
キュラソー　3ダッシュ
カペリティフ　1/2
カナディアン・クラブ・ウイスキー　1/2

よくステアし、カクテル・グラスに注ぐ。レモン・ピールを絞る。

キャロル
Carrol

ブランデー　2/3
スイート・ヴェルモット　1/3

よくステアし、カクテル・グラスに注ぐ。胡桃かオニオンのピクルスを添える。

カルーソー
Caruso

ドライ・ジン　1/3
ドライ・ヴェルモット　1/3
クレーム・ド・マント（グリーン）　1/3

よくシェークし、カクテル・グラスに注ぐ。

カジノ
Casino

マラスキーノ　2ダッシュ
オレンジ・ビターズ　2ダッシュ
レモン・ジュース　2ダッシュ
オールド・トム・ジン　グラス1

よくステアし、チェリーを添える。

COCKTAILS

アップル・ブランデー　1/2
クレーム・ド・マント（ホワイト）　1/2
アブサン　3ダッシュ
よくシェークし、カクテル・グラスに注ぐ。

キャッスル・ディップ
Castle Dip

フレッシュ・レモネード　グラス1/2
水　グラス1/2
ジン　グラス2
キルシュ　デザートスプーン1
コアントロー　グラス1/2
ドライ・ヴェルモット　グラス2弱
よくシェークし、カクテル・グラスに注ぐ。
オリーヴを添えてサーヴする。

キャッツアイ
（6人分）
Cat's-eye

卵黄　1個分
ブランデー　グラス1
パウダー・シュガー　ティースプーン1
よくシェークし、ミディアム・サイズのワイン・グラスに注ぎ、アヤラ・シャンパンで満たす。

セシル・ピック・ミー・アップ
Cecil Pick-me-up

グレナデン・シロップ　1/6
セダーランド・スウェディッシュ・パンチ　1/6
カルヴァドス　1/6
レモン・ジュース　1/6
バローズ・ビーフィーター・ジン　1/3

C・F・H
C.F.H.

ワイン・グラスに角砂糖を1個入れ、アンゴスチュラ・ビターズをしみこませる。角氷1個を加え、シャンパンで満たす。レモン・ピールを絞り、オレンジ・スライスを添えてサーヴする。

シャンパン・カクテル
Champagne Cocktail

COCKTAILS

シャンゼリゼ
（6人分）
Champs Elysées

コニャック　グラス3
シャルトリューズ　グラス1
甘くしたレモン・ジュース　グラス1 1/2
アンゴスチュラ・ビターズ　1ダッシュ
よくシェークし、カクテル・グラスに注ぐ。

チャンティクレアー
Chanticler

レモン果汁　1/2個分
ラズベリー・シロップ
　　テーブルスプーン1
卵白　1個分
ドライ・ジン　グラス1
よくシェークし、ミディアム・サイズ・グラスに注ぐ。

チャールズ
Charles

アンゴスチュラ・ビターズ　1ダッシュ
スイート・ヴェルモット　1/2
ブランデー　1/2
よくステアし、カクテル・グラスに注ぐ。

これは、正統的なジャコバイト※カクテルとして唯一知られているもの。

チャールストン
Charleston

ドライ・ジン　1/6　　キルシュ　1/6
マラスキーノ　1/6
キュラソー　1/6
ドライ・ヴェルモット　1/6
スイート・ヴェルモット　1/6
よくシェークし、カクテル・グラスに注ぐ。
レモン・ピールを絞る。

注：名誉革命で亡命したジェイムズ2世の支持者。

COCKTAILS

チェリー・ブロッサム
(6人分)
Cherry Blossom

グラス半分の砕いた氷に、ドライ・キュラソー、レモン・ジュース、グレナデン・シロップ 各テーブルスプーン1、チェリー・ブランデー グラス2½、ブランデー グラス2を加える。

じゅうぶんにシェークし、よく冷やしてサーヴする。

チェリー・ミクスチャー
Cherry Mixture

アンゴスチュラ・ビターズ　1ダッシュ
マラスキーノ　1ダッシュ
ドライ・ヴェルモット　½
スイート・ヴェルモット　½

よくシェークし、カクテル・グラスに注ぐ。
チェリーを添えてサーヴする。

シカゴ
Chicago

アンゴスチュラ・ビターズ　1ダッシュ
キュラソー　1ダッシュ
ブランデー　2/3

よくシェークし、カクテル・グラスに注ぐ。
グラスの縁をグラニュー糖でフロストし、シャンパンで満たす。

チャイニーズ
Chinese

アンゴスチュラ・ビターズ　1ダッシュ
マラスキーノ　3ダッシュ
キュラソー　3ダッシュ
グレナデン・シロップ　1/3
ジャマイカ・ラム　2/3

よくシェークし、カクテル・グラスに注ぐ。

COCKTAILS

チョコレート・
カクテル
(No.1)
Chocolate Cocktail (No.1)

粉末状チョコレート
　　ティースプーン1
卵　1個
マラスキーノ　リキュール・グラス1
シャルトリューズ（イエロー）
　　リキュール・グラス1

よくシェークし、ラージ・グラスに注ぐ。

チョコレート・
カクテル
(No.2)
Chocolate Cocktail (No.2)

卵黄　1個分
シャルトリューズ（イエロー）　1/4
ポート・ワイン　3/4
砕いたチョコレート　ティースプーン1

よくシェークし、ミディアム・サイズ・グラスに注ぐ。

チョーカー　*
(6人分)
Choker

ウイスキー　グラス4
アブサン　グラス2
アブサン・ビターズ　1ダッシュ

このカクテルはじゅうぶんにシェークし、少しでも甘味を加えないこと。

* これが飲めれば、なんだって飲める。生みたての卵を入れれば、すぐさま固ゆでになるほどのすごさ。

コーラス・レディ
Chorus Lady

オレンジ果汁　1/4個分
ドライ・ジン　1/3
スイート・ヴェルモット　1/3
ドライ・ヴェルモット　1/3

よくシェークし、ミディアム・サイズ・グラスに注ぐ。オレンジ・スライスとチェリーを添える。

COCKTAILS

アブサン　3ダッシュ
ベネディクティン　1/3
ドライ・ヴェルモット　2/3

よくシェークし、カクテル・グラスに注ぐ。
オレンジ・ピールを絞る。

クリサンセマム *
Chrysanthemum

　　* 客船ヨーロッパ号のアメリカン・バーで、とても人気のあった
　　　有名なカクテル。

プリマス・ジン　2/3
オレンジ・キュラソー　1ダッシュ
オレンジ・ジュース　4ダッシュ
ドライ・ヴェルモット　1/3

よくシェークし、カクテル・グラスに注ぐ。

チャーチ・パレード
Church Parade

アンゴスチュラ・ビターズ　2ダッシュ
オレンジ・ビターズ　2ダッシュ
チンザノ・ヴェルモット　グラス1

よくシェークし、カクテル・グラスに注ぐ。
オレンジ・ピールを絞る。

チンザノ・カクテル
Cinzano Cocktail

ワイン・グラスに角砂糖1個、アンゴスチュラ・ビターズ　2ダッシュ、キュラソー 1ダッシュ、ブランデー ティースプーン1、角氷1個を入れる。

チンザノ・ブリュットを満たし、軽くステアする。レモン・ピールを絞る。

チンザノ・スパークリング・カクテル
Cinzano Sparkling Cocktail

ドライ・ジン　1/3
ドライ・ヴェルモット　1/3
アプリコット・ブランデー　1/6
コアントロー　1/6

よくシェークし、カクテル・グラスに注ぐ。

クラリッジ
Claridge

COCKTAILS

クラシック
Classic

レモン・ジュース　1/6
キュラソー　1/6
マラスキーノ　1/6
ブランデー　1/2

よくシェークし、カクテル・グラスに注ぐ。
グラスの縁をグラニュー糖でフロストする。
レモン・ピールを絞る。

クレイトンズ・スペシャル
Clayton's Special

バカルディ・ラム　1/2
コーラ・トニック　1/4
シロ・ド・シトロン　1/4

よくシェークし、カクテル・グラスに注ぐ。

クローヴァー・クラブ
Clover Club

レモン果汁　1/2個分
　　またはライム果汁1個分
グレナデン・シロップ　1/3
卵白　1個分
ドライ・ジン　2/3

よくシェークし、ミディアム・サイズ・グラスに注ぐ。

クローヴァー・リーフ
Clover Leaf

クローヴァー・クラブと同じものに、ミントの小枝を添える。

クラブ
Club

ドライ・ジン　2/3
スイート・ヴェルモット　1/3
シャルトリューズ（イエロー）　1ダッシュ

よくシェークし、カクテル・グラスに注ぐ。

クローヴァー・クラブの会長、ヨークシャーの準男爵フレデリック・ポプルホー卿のポートレート。

卵黄　1個分
砂糖　または
　　　ガム・シロップ　ティースプーン1
ポート・ワイン　1/3
ブランデー　1/6
キュラソー　1ダッシュ

よくシェークし、小さめのワイン・グラスに注ぐ。ナツメグ少々を挽いてかける。

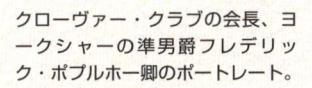

コーヒー・カクテル *
Coffee Cocktail

* 材料にコーヒーがないのだから、このカクテルの名前はおかしい。だが、正しく作ればコーヒーそっくりに見える。

クレーム・ド・マント（ホワイト）　1/4
スイート・ヴェルモット　1/4
ブランデー　1/2

よくシェークし、カクテル・グラスに注ぐ。

コールド・デック
Cold Deck

ドライ・ジン　2/3
グレープフルーツ・ジュース　1/3
マラスキーノ　3ダッシュ

よくシェークし、カクテル・グラスに注ぐ。

コロニアル
Colonial

COCKTAILS

コモドーア
Commodore

- シロップ　ティースプーン1
- オレンジ・ビターズ　2ダッシュ
- ライム果汁　1/2個分
  - またはレモン果汁　1/4個分
- カナディアン・クラブ・ウイスキー
  - グラス1

よくシェークし、カクテル・グラスに注ぐ。

クーパーズタウン
Cooperstown

- ドライ・ヴェルモット　1/3
- スイート・ヴェルモット　1/3
- ドライ・ジン　1/3

よくシェークし、カクテル・グラスに注ぐ。ミントの小枝を添える。

コルドヴァ
Cordova

- ドライ・ジン　2/3
- アブサン　1ダッシュ
- 生クリーム　ティースプーン1
- スイート・ヴェルモット　1/3

よくシェークし、カクテル・グラスに注ぐ。

コーン・ポッパー
The Corn Popper

- コーン・ウイスキー（ジョージア
  - またはメリーランド産）1パイント
- クリーム　1/2パイント
- 卵白　2個分
- グレナデン・シロップ
  - テーブルスプーン1

以上を混ぜたものを、ハイボール・グラスの半分まで注ぎ、ヴィシー水かセルツァー水（炭酸水）で満たす。

コーネル・スペシャル
The Cornell Special

- ジン　1/4
- ベネディクティン　1/4
- レモン果汁　1/4
- リチウム塩水　1/4

よくステアし、カクテル・グラスに注ぐ。

COCKTAILS

シェリー　1/2
ドライ・ヴェルモット　1/2
マラスキーノ　1ダッシュ
オレンジ・ビターズ　2ダッシュ

よくシェークし、カクテル・グラスに注ぐ。

コロネーション
(No.1)
Coronation (No.1)

ペパーミント　1ダッシュ
ピーチ・ビターズ　1ダッシュ
キュラソー　3ダッシュ
ブランデー　2/3

よくシェークし、カクテル・グラスに注ぐ。

コロネーション
(No.2)
Coronation (No.2)

スイート・ヴェルモット　1/4
アップル・ブランデー
　　またはカルヴァドス　1/4
ブランデー　1/2

よくシェークし、カクテル・グラスに注ぐ。

コープス・リヴァイヴァー
(No.1)
Corpse Reviver (No.1)

注：死体を生き返らせるもの、とでもいう意味。

午前11時前か、気分に活を入れたいときに飲むとよい。

COCKTAILS

コープス・リヴァイヴァー (No.2)
Corpse Reviver (No.2)

レモン・ジュース　ワイン・グラス1/4
キナ・リレ　ワイン・グラス1/4
コアントロー　ワイン・グラス1/4
ドライ・ジン　ワイン・グラス1/4
アブサン　1ダッシュ

よくシェークし、カクテル・グラスに注ぐ。

このカクテルをたて続けに4杯も飲めば、生き返った死体もふたたび死ぬだろう。

コタ
Cota

ハーキュリーズ　1/4
コアントロー　1/4
ドライ・ジン　1/2

よくシェークし、カクテル・グラスに注ぐ。

カントリー・クラブ・クーラー
Country Club Cooler

ドライ・ヴェルモット　グラス1
グレナデン・シロップ　ティースプーン1
角氷　2個

タンブラーに注ぎ、ソーダで満たす。

カウボーイ
The Cowboy

ウイスキー　2/3
クリーム　1/3
砕いた氷

よくシェークし、カクテル・グラスに注ぐ。

クレオール
Creole

ライ・ウイスキー
　またはカナディアン・クラブ・ウイスキー　1/2
スイート・ヴェルモット　1/2
ベネディクティン　2ダッシュ
アメール・ピコン　2ダッシュ

よくステアし、カクテル・グラスに注ぐ。レモン・ピールを絞る。

COCKTAILS

ウイスキー　1/3
レモン・ジュース　2/3
グレナデン・シロップ　1ダッシュ
よくシェークし、カクテル・グラスに注ぐ。

クロウ
The Crow

オレンジ果汁　1/4個分
ドライ・ヴェルモット　1/4
スイート・ヴェルモット　1/4
角氷　1個
ミディアム・サイズ・グラスを使い、ソーダで満たす。

クリスタル・ブロンクス
Crystal Bronx

レモン果汁　1/4個分
パウダー・シュガー　ティースプーン1
バカルディ・ラム　グラス1
よくシェークし、カクテル・グラスに注ぐ。

**キューバン・カクテル
（No.1）**
Cuban Cocktail (No.1)

ライム果汁　1/2個分
　　またはレモン果汁　1/4個分
アプリコット・ブランデー　1/3
ブランデー　2/3
よくシェークし、カクテル・グラスに注ぐ。

**キューバン・カクテル
（No.2）**
Cuban Cocktail (No.2)

ジン　1/2
ヴェルモット　1/2
キュンメル　4ドロップ
シャルトリューズ　4ドロップ
パイナップル・シロップ　2ドロップ
よくシェークし、カクテル・グラスに注ぐ。

クバーノ
The Cubano

COCKTAILS

カルロス
The Culross

レモン果汁　1/4個分
キナ・リレ　1/3
バカルディ・ラム　1/3
アプリコット・ブランデー　1/3

よくシェークし、カクテル・グラスに注ぐ。

キューピッド
Cupid

シェリー　グラス1
卵　1個
パウダー・シュガー　ティースプーン1
カイエン・ペッパー　少々

よくシェークし、ミディアム・サイズ・グラスに注ぐ。

キュラソー・カクテル
（6人分）
Curacao Cocktail

ブランデー　グラス1/2
ダーク・キュラソー　グラス2 1/2
オレンジ・ジュース　グラス2 1/2
ジン　グラス　1/2
氷塊

シェークして、オレンジ・ビターズをたらしたグラスに注ぐ。

ダイキリ
Daiquiri

レモン果汁　1/4個分
　またはライム果汁　1/2個分
パウダー・シュガー　ティースプーン1
バカルディ・ラム　グラス1

よくシェークし、カクテル・グラスに注ぐ。

「ダイキリを飲む瞬間がやってきた。実に美味なる飲み物だ。私の満足度は、ますます高まった。目の前のテーブルにあるのは、間違いなく危険なカクテルと言える。なぜなら、溶け残った砂糖がわずかにこびりついた小さなガラスの器には、先のことなどどうでもよくなる力があるから

COCKTAILS

だ。心は責任感から解放され、過去も未来も消え去っていく。予期せぬ優越感が心を満たし、自分が知られた人物だということも、つねにつきまとう不安も、つかのま忘れることができる。そう、それは巧妙に作られた、酩酊をさそう飲み物の危険な力だった。……『酩酊をさそう』という言葉は、秩序と退屈を甘受する日々をおびやかす力を、じゅうぶんに表していたものだ。だが私の考えでは、この言葉はモラリストたちによって、本来の恍惚を思わせるような含みは失われているかもしれない……だが、ひんやりとしたダイキリと、ボタンホールに挿したオレンジの花の小枝があれば、そんなことは何の意味もなさなくなってしまった」

ジョゼフ・ハーゲスハイマーの『サン・クリストバル・ド・ラ・ハバナ』の一節だ。カクテル、葉巻、そして楽しい人生の過ごし方に関する見識にあふれている。

(原文引用許諾、William Heineman Ltd.,and Messrs. Alfred A.Knopf,Inc.)

ライ・ウイスキー
　またはカナディアン・
　クラブ・ウイスキー　1/2
デュボネ　1/2
アンゴスチュラ・ビターズ
　1ダッシュ
コアントロー　3ダッシュ
レモン・ピール　1片
オレンジ・ピール　1片
よくシェークし、カクテル・
グラスに注ぐ。

ダンディ
Dandy

COCKTAILS

ダーブ
Darb

ドライ・ヴェルモット　1/3
ドライ・ジン　1/3
アプリコット・ブランデー　1/3
レモン・ジュース　4ダッシュ

よくシェークし、カクテル・グラスに注ぐ。

デイヴィス
Davis

ジャマイカ・ラム　1/4
ドライ・ヴェルモット　1/4
グレナデン・シロップ　2ダッシュ
レモン果汁　1/2個分
　　またはライム果汁　1個分

よくシェークし、カクテル・グラスに注ぐ。

デイヴィス・ブランデー
Davis Brandy

アンゴスチュラ・ビターズ　1ダッシュ
グレナデン・シロップ　4ダッシュ
ドライ・ヴェルモット　1/3
ブランデー　2/3

よくシェークし、カクテル・グラスに注ぐ。

ドーン・ザ・ウェザー
Dawn-the-Weather

キュラソー　3ダッシュ
オレンジ・ジュース　1/4
スイート・ヴェルモット　1/4
ドライ・ジン　1/2

よくシェークし、カクテル・グラスに注ぐ。

ドーヴィル
Deauville

ブランデー　1/4
カルヴァドス　1/4
コアントロー　1/4
レモン・ジュース　1/4

よくシェークし、カクテル・グラスに注ぐ。

COCKTAILS

アブサン　1ダッシュ
オレンジ・ビターズ　1ダッシュ
ドライ・ヴェルモット　1/2
オールド・トム・ジン　1/2

よくシェークし、カクテル・グラスに注ぐ。
オリーヴ1個を添え、レモン・ピールを絞る。

ディープ・シー
Deep Sea

アブサン　2ダッシュ
グレナデン・シロップ　2ダッシュ
ジン　1/2　カルヴァドス　1/2

よくシェークし、カクテル・グラスに注ぐ。

デンプシー
Dempsey

アブサン　2ダッシュ
キナ・リレ　グラス1/2
ドライ・ジン　グラス1/2

よくシェークし、カクテル・グラスに注ぐ。

デプス・チャージ
Depth-charge

カルヴァドス　グラス2 1/2に、グレナデン・シロップ　デザートスプーン2、レモン・ジュース　デザートスプーン4を加える。ブランデー　グラス2 1/2と合わせて、ていねいにシェークする。

デプス・チャージ・ブランデー
（6人分）
Depth-charge Brandy

レモン・ジュース　1ダッシュ
グレナデン・シロップ　4ダッシュ
カルヴァドス
　　またはアップル・ブランデー　1/2
ブランデー　1/2

よくシェークし、カクテル・グラスに注ぐ。

デプス・ボム
Depth Bomb

戦時中に人気のあったカクテルふたつ。機雷敷設艦の対潜活動にインスピレーションを受けたものだ。

注：デプス・チャージもデプス・ボムも、対潜爆弾（水中爆雷）のこと。

COCKTAILS

ダービー
Derby

ピーチ・ビターズ　2ダッシュ
フレッシュ・ミント　2枝
ドライ・ジン　グラス1

よくシェークし、カクテル・グラスに注ぐ。

ド・リゴール
De Rigueur

ウイスキー　1/2
グレープフルーツ・ジュース　1/4
蜂蜜　1/4
砕いた氷

よくシェークし、カクテル・グラスに注ぐ。

デザート・ヒーラー
Desert Healer

オレンジ果汁　1個分
ドライ・ジン　グラス1
チェリー・ブランデー
　　リキュール・グラス1/2

よくシェークし、ロング・タンブラーに注ぎ、ジンジャー・ビアで満たす。

デヴィルズ・カクテル
Devil's Cocktail

ポート・ワイン　1/2
ドライ・ヴェルモット　1/2
レモン・ジュース　2ダッシュ

よくシェークし、カクテル・グラスに注ぐ。

COCKTAILS

グラス4のスパークリング・サイダーとグラス2のジンをシェーカーに注ぐ。氷とオレンジ・ビターズ 数ドロップを加える。

軽くシェークしてサーヴする。

デヴォニア
(6人分)
Devonia

デュボネ　2/3
ジン　1/3
オルジェー・シロップ　2ダッシュ
よくシェークし、カクテル・グラスに注ぐ。

ディアボラ
Diabola

ブランデー グラス3、ドライ・ヴェルモット グラス3をシェーカーに注ぐ。アンゴスチュラ・ビターズ スプーン1、オレンジ・ビターズ スプーン2を加える。

シェークして、レモン・ピール1片とオリーヴ1個、もしくはチェリーを添えてサーヴする。

ディアボロ
(6人分)
Diabolo

ポート・ワイン用のグラスを、削った氷で満たす。グラスの3/4までクレーム・ド・マント（ホワイト）を注ぎ、ブランデーをフロートする。

ダイアナ
Diana

グレープフルーツ・ジュース　1/6
スウェディッシュ・パンチ　1/6
カルヴァドス　2/3
よくシェークし、カクテル・グラスに注ぐ。

ディキ・ディキ
Diki-Diki

ダイナ
（6人分）
Dinah

シェーカーにフレッシュ・ミントを2〜3枝入れ、銀スプーンで軽くつぶす。ウイスキー　グラス3を注ぎ、数分おく。レモン・ジュース（加糖）グラス3と氷を加える。普通より長く、ていねいにシェークする。ミントの葉を添えてサーヴする。

ディプロマット
Diplomat

マラスキーノ　1ダッシュ
ドライ・ヴェルモット　2/3
スイート・ヴェルモット　1/3

よくシェークし、カクテル・グラスに注ぐ。チェリーを添え、レモン・ピールを絞る。

ディキシー
Dixie

ドライ・ジン　1/2
ドライ・ヴェルモット　1/4
アブサン　1/4

よくシェークし、カクテル・グラスに注ぐ。

COCKTAILS

角砂糖2個に、アンゴスチュラ・ビターズ、レモン・ジュース各ティースプーン1弱、ウイスキー グラス4、キュラソー ティースプーン1弱、クレーム・ド・マント ティースプーン2を加える。たっぷりの氷を入れてていねいにシェークする。

ディキシー・ウィスキー
（6人分）
Dixie Whisky

レモン・ジュース
　　またはライム・ジュース　1/3
スウェディッシュ・パンチ　2/3
よくシェークし、カクテル・グラスに注ぐ。

ドクター
Doctor

ジン　1/2
コアントロー　またはミント　1/2
グレープ・ジュース　1ダッシュ
よくシェークし、カクテル・グラスに注ぐ。

ダッジ・スペシャル
The Dodge Special

COCKTAILS

ダリー・オデア
Dolly O'Dare

アプリコット・ブランデー　6ダッシュ
ドライ・ヴェルモット　1/2
ドライ・ジン　1/2

よくシェークし、カクテル・グラスに注ぐ。
オレンジ・ピールを絞る。

ダグラス
Douglas

ドライ・ヴェルモット　1/3
プリマス・ジン　2/3

よくシェークし、カクテル・グラスに注ぐ。
オレンジ・ピールとレモン・ピールを絞る。

ドリーム
Dream

キュラソー　1/3
ブランデー　2/3
アブサン　1ダッシュ

よくシェークし、カクテル・グラスに注ぐ。

ドライ・マティーニ
Dry Martini

ドライ・ヴェルモット　1/2
ジン　1/2
オレンジ・ビターズ　1ダッシュ

よくシェークし、カクテル・グラスに注ぐ。

デュバリー
Du Barry

アンゴスチュラ・ビターズ　1ダッシュ
アブサン　2ダッシュ
ドライ・ヴェルモット　1/3
プリマス・ジン　2/3

よくシェークし、カクテル・グラスに注ぐ。
オレンジ・スライスを添える。

注：デュバリー伯爵夫人はフランス
　　王ルイ15世の寵妾。

デュボネ
Dubonnet

デュボネ　1/2
ドライ・ジン　1/2

よくステアし、カクテル・グラスに注ぐ。

COCKTAILS

ドライ・ヴェルモット　1/3
スイート・ヴェルモット　1/3
アブサン　1/3
よくシェークし、カクテル・グラスに注ぐ。

ダッチェス
Duchess

注：公爵夫人の意味。

シェリー　1/2
スイート・ヴェルモット　1/2
オレンジ・ビターズ　3ダッシュ
よくステアし、オレンジ・ピールを絞る。

デューク・オブ・モールバラ
Duke of Marlborough

注：モールバラ公爵の意味。初代は17世紀のジョン・チャーチルで、ダイアナ妃もその血筋。

砕いた氷を満たしたシェーカーに、キュラソー スプーン1、ジン グラス2、シェリー グラス2、ドライ・ヴェルモット グラス2を注ぐ。

スプーンでよくステアしたあとシェークし、グラスに注ぐ。オリーヴ1個とアブサン 2ダッシュを各グラスに加える。

ダンヒルズ・スペシャル
(6人分)
Dunhill's Special

アンゴスチュラ・ビターズ　1ダッシュ
シェリー　1/3　　ラム　2/3
よくステアし、カクテル・グラスに注ぐ。

ダンロップ
Dunlop

ラージ・グラスにウイスキー グラス4 1/2をそそぎ、クローヴ 数粒を浸す。オレンジ・ビターズ　5〜6ドロップ、キュラソー グラス1 1/2を加える。

以上をシェーカーに入れ、シェークしてサーヴする。

ダピー
(6人分)
Duppy

イーグルズ・ドリーム
Eagle's Dream

- パウダー・シュガー　ティースプーン1
- 卵白　1個分
- レモン果汁　1/4個分
- クレーム・イヴェット　1/4
- ドライ・ジン　3/4

よくシェークし、ミディアム・サイズ・グラスに注ぐ。

アースクエイク *
The Earthquake

- ジン　1/3
- ウイスキー　1/3
- アブサン　1/3

よくシェークし、カクテル・グラスに注ぐ。

* これを飲んでいると地震があっても気づかない、というわけで、この名前がついた。
このカクテルの威力をあなどってはいけない。要するに、やたらと飲むべきものではないのだ。

イースト・アンド・ウェスト
East and West

- レモン・ジュース　1ダッシュ
- バカルディ・ラム　1/4
- イースト・インディア・パンチ　3/4

よくシェークし、カクテル・グラスに注ぐ。

このカクテルは、あるインド藩王のロンドン訪問を記念して考案された。

イースト・インディア
East India

- パイナップル・ジュース　1/8
- オレンジ・キュラソー　1/8
- アンゴスチュラ・ビターズ　1ダッシュ
- ブランデー　3/4

よくステアし、カクテル・グラスに注ぐ。

COCKTAILS

イースト・インディアン
East Indian

同量のドライ・ヴェルモット、シェリーに、オレンジ・ビターズ 1ダッシュを加える。

よくシェークし、カクテル・グラスに注ぐ。

エクリプス
Eclipse

ドライ・ジン　1/3
スロー・ジン　2/3

カクテル・グラスに熟したオリーヴ1個を入れる。オリーヴが隠れる程度のグレナデン・シロップを加える。上記の蒸留酒を混ぜ合わせたものを、シロップと混ざらないようにそっと注ぐ。オレンジ・ピールを絞る。

注：日食または月食のこと。

エディー・ブラウン
Eddie Brown

アプリコット・ブランデー　2ダッシュ
キナ・リレ　グラス1/3
ドライ・ジン　グラス2/3

よくシェークし、カクテル・グラスに注ぐ。
レモン・ピールを絞る。

COCKTAILS

エルク
Elk

プリュネル・ブランデー 1/2
ドライ・ヴェルモット 2ダッシュ
ドライ・ジン 1/2

よくシェークし、カクテル・グラスに注ぐ。

エルクス・オウン
Elk's Own

卵白 1個分
カナディアン・クラブ・ウイスキー 1/2
ポート・ワイン 1/2
レモン果汁 1/2個分
砂糖 ティースプーン1

よくシェークし、ワイン・グラスに注ぐ。
パイナップル・スライスを添える。

エリクシル
Elixir

コーラ・トニック 1/2
カルヴァドス 1/2

よくシェークし、カクテル・グラスに注ぐ。

エンパイア
Empire

アプリコット・ブランデー 1/4
カルヴァドス 1/4
ジン 1/2

よくシェークし、カクテル・グラスに注ぐ。

イー・ノス
E. Nos

ドライ・ヴェルモット 1/3
ニコルソンズ・ジン 2/3
アブサン 3ダッシュ

よくシェークし、カクテル・グラスに注ぐ。

エセル
Ethel

アプリコット・ブランデー 1/3
クレーム・ド・マント（ホワイト） 1/3
キュラソー 1/3

よくシェークし、カクテル・グラスに注ぐ。

COCKTAILS

レモン果汁　1/2個分
パウダー・シュガー　テーブルスプーン1/2
キルシュ　1/4
プリマス・ジン　3/4

よくシェークし、ロング・タンブラーに注ぐ。
ソーダで満たす。

イートン・ブレイザー
Eton Blazer

ミント（グリーン）　3ダッシュ
シャルトリューズ（グリーン）　6ダッシュ
アイリッシュ・ウイスキー

グリーン・オリーヴを添える。

"エヴリバディーズ・アイリッシュ"
"Everybody's Irish"

聖パトリック※の日のために考えられ、いまでもこの日になるとよく注文を受ける。カクテルの中で揺れるグリーン・オリーヴが少し欠けた月のように見える。

注：聖パトリックはアイルランドの守護聖人。祝日は3月17日。

ウイスキー　1/4
ジン　1/4
レモン・ジュース　1/4
オレンジ・ジュース　1/4
卵　1個
アプリコット・ブランデー
　ティースプーン1
パウダー・シュガー

よくシェークし、カクテル・グラスに注ぐ。

"エヴリシング・バット"
"Everything but"

卵黄　1個分
パウダー・シュガー　ティースプーン1
アブサン　2ダッシュ
キュラソー　2ダッシュ
クレーム・ド・ノワヨー　2ダッシュ
ラム　リキュール・グラス1

よくシェークし、カクテル・グラスに注ぐ。

アイ・オープナー
Eye-opener

COCKTAILS

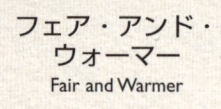

フェア・アンド・
ウォーマー
Fair and Warmer

スイート・ヴェルモット 1/3
バカルディ・ラム 2/3
キュラソー 2ダッシュ

よくシェークし、カクテル・グラスに注ぐ。

フェアバンクス
(No.1)
Fairbanks (No.1)

レモン・ジュース 1ダッシュ
グレナデン・シロップ
　　　1ダッシュ
アプリコット・ブランデー 1/3
ドライ・ヴェルモット 1/3
ドライ・ジン 1/3

よくシェークし、カクテル・グラスに注ぐ。チェリーを添える。

フェアバンクス
(No.2)
Fairbanks (No.2)

クレーム・ド・ノワヨー
　　　2ダッシュ
オレンジ・ビターズ 2ダッシュ
ドライ・ヴェルモット 1/3
ドライ・ジン 2/3

よくシェークし、カクテル・グラスに注ぐ。

われわれは、ダグ(注)がなぜそんなことをしたのか不思議に思ったものだ。いまでは、われわれこそ同じことをしようとしていると、わかっている。

フェアリー・
ベル
Fairy Belle

卵白 1個分
グレナデン・シロップ
　　　ティースプーン1
アプリコット・ブランデー 1/4
ドライ・ジン 3/4

よくシェークし、ポート・ワイン・グラスに注ぐ。

注：米国の映画俳優、ダグラス・フェアバンクスのことだろう。

COCKTAILS

アンゴスチュラ・ビターズ　1ダッシュ
クレーム・ド・マント　2ダッシュ
レモン果汁　1個分
　　またはライム果汁　1/2個分
ドライ・ジン　グラス1
よくシェークし、カクテル・グラスに注ぐ。

フォールン・エンジェル
Fallen Angel

　このカクテルは、天使が堕ちる前に飲むためのものか、それとも堕ちた後に飲むためのものか、つまり勇気づけのためのものか慰めのためのものなのか、いまだにはっきりしていない。

シェーカーに、コニャック　グラス5、アンゴスチュラ・ビターズ　デザートスプーン1を注ぎ入れ、よくシェークする。

グラスの縁をレモン・シロップで濡らしておく。各グラスに少量のシャンパンとレモン・ピール1片を加えてサーヴする。

ファンシー
（6人分）
Fancy

クレーム・ド・マント（ホワイト）　1/6
マラスキーノ　1/6
ブランデー　1/3
ドライ・ジン　1/3
よくステアし、カクテル・グラスに注ぐ。

ファンタジオ
（No.1）
Fantasio (No.1)

ファンタジオ
（No.2）
Fantasio (No.2)

クレーム・ド・マント（ホワイト）　1/6
マラスキーノ　1/6　　ブランデー　1/3
ドライ・ジン　1/3
よくシェークし、カクテル・グラスに注ぐ。

COCKTAILS

ファシネイター
Fascinator

アブサン 2ダッシュ
ドライ・ヴェルモット 1/3
ドライ・ジン 2/3
フレッシュ・ミント 1枝

よくシェークし、カクテル・グラスに注ぐ。

フェイヴァリット
Favourite

レモン・ジュース 1ダッシュ
アプリコット・ブランデー 1/3
ドライ・ヴェルモット 1/3
ドライ・ジン 1/3

よくシェークし、カクテル・グラスに注ぐ。

フェルネット・ブランカ
Fernet Branca

フェルネット・ブランカ 1/4
スイート・ヴェルモット 1/4
ドライ・ジン 1/2

よくシェークし、カクテル・グラスに注ぐ。

これまでに創作されたカクテルの中でも、とくに二日酔いに効くもののひとつ。フェルネット・ブランカは、イタリア産の薬草のリキュールであり、頭痛に多大な効果がある。(広告ではない)

フィフス・アヴェニュー
Fifth Avenue

クレーム・ド・カカオ 1/3
アプリコット・ブランデー 1/3
生クリーム(加糖) 1/3

材料が混じり合わないように、リキュール・グラスにそっと注ぐ。

フィフティ・フィフティ
Fifty-fifty

ドライ・ジン 1/2
ドライ・ヴェルモット 1/2

よくシェークし、カクテル・グラスに注ぐ。

COCKTAILS

ブランデー　1/2
コーラ・トニック　1/4
シロ・ド・シトロン　1/4
よくシェークし、カクテル・グラスに注ぐ。

フィルモグラフ
Filmograph

レモン・ジュース　1/4
コアントロー　1/4
プリマス・ジン　1/2
アンゴスチュラ・ビターズ　1ダッシュ
よくシェークし、カクテル・グラスに注ぐ。

ファイン・アンド・ダンディ
Fine and Dandy

キュラソー　1/3
ドライ・ヴェルモット　1/3
生クリーム（加糖）　1/3
よくシェークし、カクテル・グラスに注ぐ。

ファイヴ・フィフティーン
Five-fifteen

レモン果汁　1/4個分
ジャマイカ・ジンジャー　1ダッシュ
ロック・キャンディ・シロップ
　ティースプーン1
ジンジャー・ブランデー　ティースプーン1
カナディアン・クラブ・ウイスキー
　グラス1
よくステアし、カクテル・グラスに注ぐ。ただし、冷やしてはいけない。

フルー
'Flu

流行のカクテル。当節風のカクテル・パーティ。

COCKTAILS

フラッフィ・ラッフルズ
Fluffy Ruffles

バカルディ・ラム　1/2
スイート・ヴェルモット　1/2
ライム・ピール　1個分
　　もしくはレモン・ピール
よくシェークし、カクテル・グラスに注ぐ。

フライング・スコッチマン
（6人分）
Flying Scotchman

スイート・ヴェルモット　グラス2 1/2
スコッチ・ウイスキー　グラス3
ビターズ　テーブルスプーン1
ガム・シロップ　テーブルスプーン1
よくシェークし、カクテル・グラスに注ぐ。

フォー・フラッシュ
Four Flush

グレナデン・シロップ
　　またはガム・シロップ　1ダッシュ
ドライ・ヴェルモット　1/4
スウェディッシュ・パンチ　1/4
バカルディ・ラム　1/2
よくシェークし、カクテル・グラスに注ぐ。

フォース・ディグリー
Fourth Degree

ドライ・ヴェルモット　1/3
ジン　1/3
スイート・ヴェルモット　1/3
アブサン　4ダッシュ
よくシェークし、カクテル・グラスに注ぐ。

フォックス・リヴァー
Fox River

ピーチ・ビターズ　4ダッシュ
角氷　1個
クレーム・ド・カカオ　1/4
カナディアン・クラブ・ウイスキー　3/4
ワイン・グラスを使い、レモン・ピールを絞る。

COCKTAILS

レモン果汁　1/2個分
　　　またはライム果汁　1個分
オレンジ・キュラソー　2ダッシュ
バカルディ・ラム

よくシェークし、カクテル・グラスに注ぐ。

フォックス・トロット
Fox Trot

ジン　1/3
ドライ・ヴェルモット　1/3
アプリコット・ブランデー　1/6
コアントロー　1/6

よくシェークし、カクテル・グラスに注ぐ。

フランケンジャック
The Franken-Jack

レモン・ジュース　グラス1/4
キナ・リレ　グラス1/4
コアントロー　グラス1/4
ブランデー　1/4

よくシェークし、カクテル・グラスに注ぐ。

フランク・サリヴァン
Frank Sullivan

ジン　2/3
レモン・ジュース　1/3
パウダー・シュガー　スプーン1

砕いた氷を入れたトール・グラスに注ぎ、シャンパンで満たす。

　　　驚くほど正確に命中する。

フレンチ "75"
The French "75"

注：第一次大戦の大砲がカクテルの名の由来となっている。

卵白　1個分
グレナデン・シロップ　ティースプーン1
プリマス・ジン　グラス1

よくシェークし、ポート・ワイン・グラスに注ぐ。

フロース・ブロウワー
Froth Blower

ベネディクティン　ティースプーン1
スイート・ヴェルモット　1/2
ブランデー　1/2

よくステアし、カクテル・グラスに注ぐ。

フループ
Froupe

COCKTAILS

フル・ハウス
Full House

スウェディッシュ・パンチ 1/4
ドライ・ヴェルモット 1/4
バカルディ・ラム 1/2
よくシェークし、カクテル・グラスに注ぐ。

ガンガディン
Gangadine

フランボワーズ・シロップ
　ティースプーン1
オキシジェネ・キュゼニエ 1/3
ミント・リキュール（ホワイト） 1/3
ジン 1/3
よくシェークし、カクテル・グラスに注ぐ。

ギャスパー
（6人分）
Gasper

ジン　グラス3
アブサン　グラス3
好みで砂糖少々
よくシェークし、サーヴする。

ガゼット
Gazette

シロップ　ティースプーン1
レモン・ジュース　ティースプーン1
スイート・ヴェルモット 1/2
ブランデー 1/2
よくシェークし、カクテル・グラスに注ぐ。

ジーン・コリー
Gene Corrie

ハーキュリーズ 1/2
ドライ・ジン 1/2
よくシェークし、カクテル・グラスに注ぐ。

ジーン・タニー
Gene Tunney

オレンジ・ジュース　1ダッシュ
レモン・ジュース　1ダッシュ
ドライ・ヴェルモット 1/3
プリマス・ジン 2/3
よくシェークし、カクテル・グラスに注ぐ。

ジュヌヴィエーヴ
Geneviève

オランダ・ジン　1/3
ハーキュリーズ　2/3

よくステアし、カクテル・グラスに注ぐ。

ギブソン
Gibson

ドライ・ヴェルモット　1/2
ジン　1/2

よくシェークし、カクテル・グラスに注ぐ。
レモン・ピールを絞る。

ギルロイ
Gilroy

レモン・ジュース　1/6
ドライ・ヴェルモット　1/6
チェリー・ブランデー　1/3
ドライ・ジン　1/3
オレンジ・ビターズ　1ダッシュ

よくシェークし、カクテル・グラスに注ぐ。

ギムブレット
Gimblet

ライム・ジュース　1/4
ドライ・ジン　3/4

よくシェークし、ミディアム・サイズ・グラスに注ぎ、ソーダで満たす。

ギムレット
Gimlet

バローズ・プリマス・ジン　1/2
ローズ・ライム・ジュース・
　　コーディアル　1/2

よくステアし、ミディアム・サイズ・グラスに注ぐ。好みで氷を入れてもよい。

ジン・カクテル
Gin Cocktail

オレンジ・ビターズ　4ダッシュ
ドライ・ジン　グラス1

よくシェークし、カクテル・グラスに注ぐ。

COCKTAILS

ジン・アンド・ケープ
Gin and Cape

カベリティフ 1/2　　ドライ・ジン 1/2
よくステアし、カクテル・グラスに注ぐ。レモン・ピールを絞る。

グラッド・アイ
Glad Eye

ペパーミント 1/3
アブサン 2/3
よくシェークし、カクテル・グラスに注ぐ。

グルーム・チェイサー
Gloom Chaser

レモン・ジュース 1/4
グレナデン・シロップ 1/4
グラン・マルニエ 1/4
キュラソー 1/4
よくシェークし、カクテル・グラスに注ぐ。

ゴールデン・アーミン
Golden Ermine

スイート・ヴェルモット 1/8
ドライ・ヴェルモット 3/8
ドライ・ジン 1/2
よくシェークし、カクテル・グラスに注ぐ。

ゴールデン・ゲート
The Golden Gate

オレンジ・ジュース 3/4　　ジン 1/4
シェーカーに注ぎ、シェークする。氷を入れないこと。

ゴールデン・スリッパー
Golden Slipper

シャルトリューズ（イエロー）
　　リキュール・グラス 1/2
卵黄 1個分
ダンツィヒ・オー・ド・ヴィ
　　リキュール・グラス 1/2
よくシェークし、カクテル・グラスに注ぐ。

COCKTAILS

ラージ・グラスに、氷塊とウイスキー　グラス2、ドライ・ヴェルモット　グラス2 1/2、ラズベリー・ブランデー　グラス1/2を注ぐ。オレンジ果汁1/2個分と、オレンジ・フラワー・ウォーター　ティースプーン1、ネズの実3個、シナモン少々、ナツメグ少々を加える。

バー・スプーンでよくステアし、1パイント用のシェーカーに注ぐ。よくシェークして、1時間冷やし、サーヴする。

グレイシズ・ディライト
（6人分）
Grace's Delight

ドライ・ジン　1/4
アプリコット・ブランデー　1/4
バカルディ・ラム　1/2

よくシェークし、カクテル・グラスに注ぐ。

グラディール
（スペシャル）
Gradeal (Special)

レモン果汁　1/2個分
グレナデン・シロップ
　　テーブルスプーン1
卵　1個　　ドライ・ジン　グラス1

よくシェークし、ミディアム・サイズ・グラスに注ぐ。

グランド・ロイヤル・クローヴァー・クラブ
Grand Royal Clover Club

ドライ・ヴェルモット　1/4
スイート・ヴェルモット　1/4
スウェディッシュ・パンチ　1/2

よくシェークし、カクテル・グラスに注ぐ。

グランド・スラム
Grand Slam

グレープ・ジュース　1/4
レモン・ジュース　1/4　　ジン　1/2
グレナデン・シロップ　1ダッシュ

よくシェークし、カクテル・グラスに注ぐ。

グレープ・ヴァイン
The Grape Vine

COCKTAILS

グレープフルーツ・カクテル
(6人分)
Grapefruit Cocktail

レモン果汁　1 1/2個分
グレープフルーツ・ゼリー　小さじ2
ジン　グラス4

氷を加えてシェークする。

このカクテルには、グレープフルーツ・ゼリーのかわりに、風味のよいフルーツのゼリーなら何でも使ってもよい。
次のカクテルは、見たところあたりさわりがないが、手早く作ることができて気が利いているかもしれない。グレープフルーツ・カクテルのヴァリエーションである。
グラス3 1/2のジンと、大きめのグレープフルーツ1 1/2個分の果汁を用意する。味をみて砂糖を加え、たっぷりの氷と一緒にシェークし、サーヴする。

グレート・シークレット
Great Secret

アンゴスチュラ・ビターズ　1ダッシュ
キナ・リレ　1/3
ドライ・ジン　2/3

よくシェークし、カクテル・グラスに注ぐ。
オレンジ・ピールを絞る。

グリーンブライア
Greenbriar

ピーチ・ビターズ　1ダッシュ
ドライ・ヴェルモット　1/3
シェリー　2/3
フレッシュ・ミント　1枝

よくシェークし、カクテル・グラスに注ぐ。

COCKTAILS

レモン・ジュース　1/8
キュンメル　1/8
ミント・リキュール（グリーン）　1/4
ドライ・ジン　1/2
ピーチ・ビターズ　4ダッシュ
よくシェークし、カクテル・グラスに注ぐ。

グリーン・ドラゴン
Green Dragon

ブランデー　1/3
ドライ・ヴェルモット　2/3
キュラソー　2ダッシュ
よくシェークし、カクテル・グラスに注ぐ。

グリーン・ルーム
Green Room

役者たちに人気があるカクテルで、けっこうな「疲労回復薬(ピック・ミー・アップ)」である。

ジャマイカ・ジンジャー　1ダッシュ
ジンジャー・ブランデー　1/3
ブランデー　2/3
パウダー・シュガー　ティースプーン1
よくシェークし、カクテル・グラスに注ぐ。

グレナディア
Grenadier

キュラソー　2ダッシュ
スイート・ヴェルモット　1/3
ドライ・ジン　2/3
よくシェークし、カクテル・グラスに注ぐ。

ガーズ
Guard's

スイート・ヴェルモット　1/2
プリマス・ジン　1/2
よくシェークし、カクテル・グラスに注ぐ。

ジプシー
Gypsy

COCKTAILS

美しいレディー・シンシアも、コープス・リヴァイヴァーを飲ると、こうなってしまう。

ハカム
Hakam

オレンジ・ビターズ　1ダッシュ
キュラソー　2ダッシュ
ドライ・ジン　1/2
スイート・ヴェルモット　1/2
よくシェークし、カクテル・グラスに注ぐ。

エイチ・アンド・エイチ ＊
H. and H.

キュラソー　2ダッシュ
キナ・リレ　グラス1/3
ドライ・ジン　グラス2/3
よくシェークし、カクテル・グラスに注ぐ。
オレンジ・ピールを絞る。

＊ますます楽しくなる（Happier and Happier）？
それとも、どんどん声がしわがれる（Hoarser and Hoarser）？
それとも、どんどん頭がぼけてくる（Hazier and Hazier）？

ハンキー・パンキー
Hanky Panky

フェルネット・ブランカ　2ダッシュ
スイート・ヴェルモット　1/2
ドライ・ジン　1/2
よくシェークし、カクテル・グラスに注ぐ。
オレンジ・ピールを絞る。

COCKTAILS

スイート・ヴェルモット 1/2
トム・ジン 1/2
よくシェークし、カクテル・グラスに注ぐ。

H・P・W
H.P.W.

アンゴスチュラ・ビターズ 1ダッシュ
オレンジ・ジュース ティースプーン1
レモン・ジュース 1ダッシュ
ドライ・ジン グラス1
よくシェークし、カクテル・グラスに注ぐ。

ハロヴィアン
Harrovian

ガンチア・スイート・ヴェルモット 1/3
アブサン 1ダッシュ ジン 2/3
フレッシュ・ミント 2枝
よくシェークし、カクテル・グラスに注ぐ。
スタッフド・オリーヴを添えてサーヴする。

ハリーズ
Harry's

グレナデン・シロップ
　　ティースプーン1
ブランデー グラス1
レモン果汁 1/2個分
よくシェークし、ミディアム・サイズのワイン・グラスに注ぎ、シャンパンで満たす。

ハリーズ・ピック・ミー・アップ
Harry's Pick-me-up

アンゴスチュラ・ビターズ 2ダッシュ
シロップ 1ダッシュ
ブランデー 1/2
スイート・ヴェルモット 1/2
よくシェークし、カクテル・グラスに注ぐ。

ハーヴァード
Harvard

アブサン 1ダッシュ
グレナデン・シロップ 4ダッシュ
ドライ・ヴェルモット 1/3
ニコルソンズ・ジン 2/3
よくシェークし、カクテル・グラスに注ぐ。

ヘイスティ
Hasty

COCKTAILS

ハヴァナ
Havana

レモン・ジュース　1ダッシュ
ドライ・ジン　1/4
スウェディッシュ・パンチ　1/4
アプリコット・ブランデー　1/2

よくシェークし、カクテル・グラスに注ぐ。

ハワイアン
Hawaiian

ジン　4/7
オレンジ・ジュース　2/7
キュラソー（またはオレンジ・リキュールなら何でもよい）　1/7

よくシェークし、カクテル・グラスに注ぐ。

ヘルス
Health

ブランデー　1/3　　ハーキュリーズ　2/3

氷と一緒に軽くステアして、カクテル・グラスに注ぐ。ブランデーのかわりに好みのスピリッツを使ってもよい。

ヘル
（6人分）
Hell

コニャック　グラス3、クレーム・ド・マント（グリーン）グラス3をシェークする。各グラスにひとつまみのレッド・ペッパーを添えてサーヴする。

ヘジテーション
Hesitation

レモン・ジュース　1ダッシュ
カナディアン・クラブ・ウイスキー　1/4
スウェディッシュ・パンチ　3/4

よくシェークし、カクテル・グラスに注ぐ。

ハネムーン
Honeymoon

レモン果汁　1/2個分 *
キュラソー　3ダッシュ
ベネディクティン　1/2
アップル・ブランデー　1/2

よくシェークし、カクテル・グラスに注ぐ。

* こだわりのあるバーテンダーの中には、オレンジ・ジュースを使ったほうがよいと考える者もいる。

COCKTAILS

オレンジ・ビターズ　2ダッシュ
ドライ・ヴェルモット　1/3
プリマス・ジン　2/3

よくシェークし、カクテル・グラスに注ぐ。
レモン・ピールを絞る。

ホフマン・ハウス
Hoffman House

レモン果汁　1/4個分
パイナップル・スライス　1枚
ドライ・ヴェルモット　1/3
ドライ・ジン　2/3
マラスキーノ　4ダッシュ

よくシェークし、カクテル・グラスに注ぐ。

オランダ・ハウス
Holland House

オレンジ・スライス　1枚
ドライ・ジン　2/3
スイート・ヴェルモット　1/3

よくシェークし、カクテル・グラスに注ぐ。

ホームステッド
Homestead

　この楽しい飲み物は、今でこそ有名なカクテルだが、「カクテル」という言葉が生まれる前から、南部諸州の古い農家のあいだで知られていた。

アンゴスチュラ・ビターズ　1ダッシュ
オレンジ・ジュース　1ダッシュ
パイナップル・ジュース　1ダッシュ
レモン・ジュース　1ダッシュ
ドライ・ジン　グラス1
パウダー・シュガー　適宜

よくシェークし、カクテル・グラスに注ぐ。

ホノルル
(No.1)
Honolulu (No.1)

マラスキーノ　1/3
ジン　1/3
ベネディクティン　1/3

よくシェークし、カクテル・グラスに注ぐ。

ホノルル
(No.2)
Honolulu (No.2)

"フープラ！" "Hoop la!"	レモン・ジュース　1/4 キナ・リレ　1/4 コアントロー　1/4　　ブランデー　1/4 よくシェークし、カクテル・グラスに注ぐ。
"フーツ・モン" "Hoots Mon"	キナ・リレ　1/4 スイート・ヴェルモット　1/4 スコッチ・ウイスキー　1/2 よくステアし、カクテル・グラスに注ぐ。
ホップ・トード Hop Toad	レモン・ジュース　1/4 アプリコット・ブランデー　3/4 よくシェークし、カクテル・グラスに注ぐ。
ホット・デック Hot Deck	ジャマイカ・ジンジャー　1ダッシュ スイート・ヴェルモット　1/4 カナディアン・クラブ・ウイスキー　3/4 よくシェークし、カクテル・グラスに注ぐ。
フーラフーラ Houla-houla	キュラソー　1ダッシュ オレンジ・ジュース　1/3 ドライ・ジン　2/3 よくシェークし、カクテル・グラスに注ぐ。

注：強い酒をあおること。

COCKTAILS

オレンジ・ジュース　1/6
レモン・ジュース　1/6
スウェディッシュ・パンチ　2/3
グレナデン・シロップ　2ダッシュ

よくシェークし、カクテル・グラスに注ぐ。

ハンドレッド・パーセント
The Hundred Percent

ウイスキー　1/3
ジン　1/3
クレーム・ド・マント　1/3
レモン果汁　2個分

よくシェークし、カクテル・グラスに注ぐ。

ハリケーン
The Hurricane

ワイン・グラスに、角氷1個、フェルネット・ブランカ 3ダッシュ、キュラソー 3ダッシュ、ブランデー リキュール・グラス1を注ぎ、シャンパンで満たす。

ステアして、レモン・ピールを絞る。

I・B・F・ピック・ミー・アップ
I.B.F. Pick-me-up

卵黄　1個分
牛乳　ポート・ワイン・グラス1
オレンジ・キュラソー　1/4
ブランデー　3/4

よくシェークし、ミディアム・サイズ・グラスに注ぐ。ナツメグを振る。

イッヒ・ディーン
Ichdien

注：イッヒ・ディーンはプリンス・オヴ・ウェールズの標語で「わたしは奉仕する」。

マラスキーノ　3ダッシュ
スイート・ヴェルモット　1/3
ドライ・ジン　2/3
グレープフルーツ・ジュース
　テーブルスプーン1

よくシェークし、カクテル・グラスに注ぐ。
小さめのナッツをグラスに落とす。

アイディアル
Ideal

COCKTAILS

インペリアル
Imperial

マラスキーノ　1ダッシュ
アンゴスチュラ・ビターズ　1ダッシュ
ドライ・ヴェルモット　1/2
ドライ・ジン　1/2

よくステアし、オリーヴを添えてサーヴする。

インカ
Inca

オルジェー・シロップ　1ダッシュ
オレンジ・ビターズ　1ダッシュ
ジン　1/4　　シェリー　1/4
ドライ・ヴェルモット　1/4
スイート・ヴェルモット　1/4

よくシェークし、カクテル・グラスに注ぐ。

インカム・タックス
Income Tax

アンゴスチュラ・ビターズ　1ダッシュ
オレンジ果汁　1/4個分
ドライ・ヴェルモット　1/4
スイート・ヴェルモット　1/4
ドライ・ジン　1/2

よくシェークし、カクテル・グラスに注ぐ。

注：所得税のこと。

インク・ストリート
Ink Street

カナディアン・クラブ・ウイスキー　1/3
オレンジ・ジュース　1/3
レモン・ジュース　1/3

よくシェークし、カクテル・グラスに注ぐ。

誠実な紳士の像。公園にある、当時の有名彫刻家による名作のかもしだす微妙な美を鑑賞すべく、涙ぐましくもあっぱれな努力をしている。

COCKTAILS

アブサン　2ダッシュ
キュラソー　2ダッシュ
マラスキーノ　1ダッシュ
アンゴスチュラ・ビターズ　1ダッシュ
アイリッシュ・ウイスキー　グラス1/2

よくシェークし、カクテル・グラスに注ぐ。
オリーヴを添え、オレンジ・ピールを絞る。

アイリッシュ
Irish

ジャバウォック *
Jabberwock

オレンジ・ビターズ　2ダッシュ
ドライ・ジン　1/3
ドライ・シェリー　1/3
カベリティフ　1/3

よくステアし、カクテル・グラスに注ぐ。レ
モン・ピールを絞る。

* これをのむと、ぐるぐるまわって、ぜん
　ごふかく。

注：ご存じ『鏡の国のアリス』。

COCKTAILS

ジャック・カーンズ (No.1)
Jack Kearns (No.1)

レモン・ジュース　1ダッシュ
シロップ　1ダッシュ
バカルディ・ラム　1/4
ドライ・ジン　3/4

よくシェークし、カクテル・グラスに注ぐ。

ジャック・カーンズ (No.2)
Jack Kearns (No.2)

バカルディ・ラム　1/4
レモン・ジュース　1ダッシュ
シロップ　1ダッシュ
ドライ・ジン　3/4

よくシェークし、カクテル・グラスに注ぐ。

ジャック・パイン
Jack Pine

オレンジ果汁　1/4個分
パイナップル・スライス　1枚
ドライ・ジン　3/4
ドライ・ヴェルモット　1/4

よくシェークし、カクテル・グラスに注ぐ。

ジャック・ローズ
Jack Rose

レモン果汁　1/2個分
　またはライム果汁　1個分
グレナデン・シロップ　1/4
アップルジャック
　またはカルヴァドス　3/4

よくシェークし、カクテル・グラスに注ぐ。

ジャクソン
Jackson

オレンジ・ビターズ　2ダッシュ
オレンジ・ジン　1/2
デュボネ　1/2

よくステアし、カクテル・グラスに注ぐ。

ジャック・ウィザーズ
Jack Withers

オレンジ果汁　1/2個分
ドライ・ヴェルモット　1/3
スイート・ヴェルモット　1/3
ドライ・ジン　1/3

よくシェークし、カクテル・グラスに注ぐ。

COCKTAILS

シャルトリューズ（グリーン）　グラス2
スイート・ヴェルモット　グラス2
ジン　グラス2
オレンジ・ビターズ　デザートスプーン1/2

よくシェークし、チェリーを添え、レモン・ピールを絞る。

ジュエル
（6人分）
Jewel

すぐに効くミディアム・ドライのカクテル。

アブサン　1ダッシュ
ドライ・ジン　2/3
スイート・ヴェルモット　1/3

よくシェークし、カクテル・グラスに注ぐ。
レモン・ピールを絞る。

ジェイプラク
Jeyplak

デュボネ　3ダッシュ
キナ・リレ　1/3　　ドライ・ジン　2/3

よくシェークし、カクテル・グラスに注ぐ。
オレンジ・ピールを絞る。

ジミー・ブラン
Jimmy Blanc

オレンジ・ビターズ　4ダッシュ
カペリティフ　グラス1/2
バカルディ・ラム　グラス1/2

よくステアし、カクテル・グラスに注ぐ。レモン・ピールを絞る。

ジョバーグ
Joburg

オレンジ・ビターズ　1ダッシュ
アンゴスチュラ・ビターズ　1ダッシュ
クレーム・ド・ノワヨー　2ダッシュ
レモン・ジュース　4ダッシュ
ドライ・ジン　グラス3/4

よくシェークし、カクテル・グラスに注ぐ。

ジョッキー・クラブ
Jockey Club

COCKTAILS

ジョニー・マック
Johnnie Mack

アブサン 3ダッシュ
オレンジ・キュラソー 1/3
スロー・ジン 2/3

よくシェークし、カクテル・グラスに注ぐ。

ジョン・ウッド
John Wood

アイリッシュ・ウイスキー 2/9
スイート・ヴェルモット 4/9
レモン・ジュース 2/9
キュンメル 1/9
アンゴスチュラ・ビターズ 1ダッシュ

よくシェークし、カクテル・グラスに注ぐ。

J・O・S
J.O.S.

オレンジ・ビターズ 1ダッシュ
レモン・ジュース
　　またはライム・ジュース 1ダッシュ
ブランデー 1ダッシュ
スイート・ヴェルモット 1/3
ドライ・ヴェルモット 1/3
ドライ・ジン 1/3

よくシェークし、カクテル・グラスに注ぐ。
レモン・ピールを絞る。

ジャーナリスト
Journalist

レモン・ジュース 2ダッシュ
キュラソー 2ダッシュ
アンゴスチュラ・ビターズ 1ダッシュ
ドライ・ヴェルモット 1/6
スイート・ヴェルモット 1/6
ゴードンズ・ドライ・ジン 2/3

よくシェークし、カクテル・グラスに注ぐ。

COCKTAILS

ジン　1/3　　バカルディ・ラム　1/3
レモン・ジュース　1/3
パウダー・シュガー
グレナデン・シロップ　1ダッシュ
よくシェークし、カクテル・グラスに注ぐ。

ジャッジ・ジュニア
The Judge, Jr.

ピーチ・ブランデー　1/3　　ジン　1/3
ドライ・ヴェルモット　1/3
ライム・ジュース　1ダッシュ
よくシェークし、カクテル・グラスに注ぐ。

ジャジェット
The Judgette

オレンジ・ジュース　ティースプーン1
パルフェ・アムール・リキュール
　　ティースプーン1
ドライ・ヴェルモット　1/3
ドライ・ジン　2/3
よくシェークし、カクテル・グラスに注ぐ。

ジュピター
Jupiter

アプリコット・ブランデー　1ダッシュ
レモン・ジュース　1ダッシュ
キルシュ　1/4
ドライ・ジン　3/4
よくシェークし、カクテル・グラスに注ぐ。

K・C・B
K.C.B.

注：K.C.B.はバス勲爵士。

COCKTAILS

キッカー
Kicker

スイート・ヴェルモット　2ダッシュ
カルヴァドス　1/3
バカルディ・ラム　2/3

よくシェークし、カクテル・グラスに注ぐ。

キナ
Kina

キナ・リレ　1/4
ドライ・ジン　1/2
スイート・ヴェルモット　1/4

よくシェークし、カクテル・グラスに注ぐ。

キング・コール
King Cole

ライ・ウイスキー　またはカナディアン・
　　クラブ・ウイスキー　グラス1
シロップ　2ダッシュ
フェルネット・ブランカ　1ダッシュ
角氷　1個

よくステアし、オレンジ・スライスとパイナップル・スライスを飾る。

キングストン
（6人分）
Kingston

ジャマイカ・ラム　グラス3
キュンメル　グラス1 1/2
オレンジ・ジュース　グラス1 1/2
ピメント・ドラム　1ダッシュ

ていねいにシェークし、泡が消えないうちにサーヴする。

このカクテルの独特な味は、ピメント・ドラム（ジャマイカ産の酒）と合わせたキュンメルによるものだ。これがなければ、カクテルの独創性はなくなってしまう。

ニッカーボッカー
Knicker-bocker

スイート・ヴェルモット　1ダッシュ
ドライ・ヴェルモット　1/3
ドライ・ジン　2/3

よくシェークし、カクテル・グラスに注ぐ。
レモン・ピールを絞る。

COCKTAILS

ラズベリー・シロップ　ティースプーン1
レモン・ジュース　ティースプーン1
オレンジ・ジュース　ティースプーン1
パイナップル　1切れ
ラム　2/3
キュラソー　2ダッシュ

ニッカーボッカー・スペシャル
Knicker-bocker Special

クレーム・ド・マント（ホワイト）
　　ティースプーン1
アブサン　1/3　　ドライ・ジン　1/3
ドライ・ヴェルモット　1/3

よくシェークし、カクテル・グラスに注ぐ。

ノックアウト
Knockout

ドライ・ジン　1/3
コーラ・トニック　2/3
オレンジ・ビターズ　2ダッシュ

よくシェークし、カクテル・グラスに注ぐ。
オレンジ・ピールを絞る。

コーラ・トニック
Kola Tonic

アブサン　1ダッシュ
スイート・ヴェルモット　1/8
ドライ・ヴェルモット　1/4
ドライ・ジン　5/8

よくシェークし、カクテル・グラスに注ぐ。
オレンジ・ピールを絞る。

カップス・インディスペンサブル
Kup's Indispensable

アブサン　2ダッシュ
アニゼット　2ダッシュ
アンゴスチュラ・ビターズ　2ダッシュ
カナディアン・クラブ・ウイスキー
　　グラス1

よくステアし、小さく切ったパイナップルを
1切れ、グラスに落とす。

レディーズ
Ladies'

COCKTAILS

ラスキー
Lasky

グレープ・ジュース　1/3
スウェディッシュ・パンチ　1/3
ドライ・ジン　1/3
よくシェークし、カクテル・グラスに注ぐ。

ロウヒル
Lawhill

アブサン　1ダッシュ
マラスキーノ　1ダッシュ
アンゴスチュラ・ビターズ　1ダッシュ
ドライ・ヴェルモット　1/3
カナディアン・クラブ・ウイスキー　2/3
よくシェークし、カクテル・グラスに注ぐ。

リープ・フロッグ
Leap-frog

注：馬跳びの意味。

角氷　1個　　レモン果汁　1/2個分
ジン　グラス1
ジンジャー・エール
　　1スプリット（6オンス入り瓶1本）
ロング・タンブラーに注ぎ、サーヴする。

リープ・イヤー
Leap Year

レモン・ジュース　1ダッシュ
ジン　2/3　　グラン・マルニエ　1/6
スイート・ヴェルモット　1/6
よくシェークし、カクテル・グラスに注ぐ。
レモン・ピールを絞る。

このカクテルは、1928年2月29日、サヴォイ・ホテルで催されたうるう年の祝賀パーティのために、ハリー・クラドックが考案した。このカクテルのせいで結婚のプロポーズをしたケースは、それまでに考案されたカクテルの中でもっとも多かったと言われる。

**リーヴ・イット・
トゥー・ミー
（No.1）**
Leave it to me (No.1)

レモン・ジュース　1ダッシュ
アプリコット・ブランデー　1/4
ドライ・ヴェルモット　1/4
グレナデン・シロップ　1ダッシュ
プリマス・ジン　1/2
よくシェークし、カクテル・グラスに注ぐ。

COCKTAILS

ラズベリー・シロップ
　　ティースプーン1
レモン・ジュース　ティースプーン1
マラスキーノ　1ダッシュ
ドライ・ジン　3/4
よくシェークし、カクテル・グラスに注ぐ。

リーヴ・イット・トゥー・ミー (No.2)
Leave it to me (No.2)

スコッチ・ウイスキー　グラス1
レモネード　1瓶

レモン・パイ
Lemon Pie

スコッチ・ウイスキー　グラス1
ビール（チェイサーとして）　グラス1

"L・G"
"L.G."

シロップ　1ダッシュ
バカルディ・ラム　1/3
アップルジャック　2/3
よくシェークし、カクテル・グラスに注ぐ。

リバティ
Liberty

レモン・ジュース　1ダッシュ
ドライ・ジン　1/3
キナ・リレ　1/3
クレーム・ド・ノワヨー　1/3
よくシェークし、カクテル・グラスに注ぐ。

リリー
Lily

チャーリー・リンドバーグ
Charlie Lindbergh

注：大西洋横断飛行のチャールズ・リンドバーグ。

- オレンジ・ジュース　2ダッシュ
- アプリコタ　2ダッシュ
- キナ・リレ　1/2
- プリマス・ジン　1/2

よくシェークし、カクテル・グラスに注ぐ。レモン・ピールを絞る。

リンステッド（6人分）
Linstead

- ウイスキー　グラス3
- パイナップル・ジュース（加糖）　グラス3

シェークする前に、アブサン・ビターズ1ダッシュを仕上げに加える。

シェークし、各グラスにレモン・ピールを絞る。

リトル・デヴィル
Little Devil

- レモン・ジュース　1/6
- コアントロー　1/6
- バカルディ・ラム　1/3
- ドライ・ジン　1/3

よくシェークし、カクテル・グラスに注ぐ。

リトル・プリンセス
Little Princess

- スイート・ヴェルモット　1/2
- バカルディ・ラム　1/2

よくシェークし、カクテル・グラスに注ぐ。

COCKTAILS

ロンドン
London

オレンジ・ビタース　2ダッシュ
ガム・シロップ　2ダッシュ
アブサン　2ダッシュ
ドライ・ジン　1/3
よくシェークしてカクテル・グラスに注ぐ。

ロンドン・バック
London Buck

角氷　1個　　ドライ・ジン　1グラス
レモン果汁　1/2個
ジンジャー・エール
　　1スプリット（6オンス瓶1本）
ロング・タンブラーに注ぎ、サーヴする。

ローン・ツリー
Lone Tree

オレンジ・ビターズ　2ダッシュ
スイート・ヴェルモット　1/3
ドライ・ヴェルモット　1/3
ドライ・ジン　1/3
よくシェークしてカクテル・グラスに注ぐ。

ロード・サフォーク
Lord Suffolk

スイート・ヴェルモット　1/8
コアントロー　1/8
ドライ・ジン　5/8
マラスキーノ　1/8
よくシェークしてカクテル・グラスに注ぐ。

ロサンジェルス
（4人分）
The Los Angeles

レモン果汁　1個分
ウィスキー　4フッカー
砂糖　ティースプーン4
卵　1個
スイート・ヴェルモット　1ダッシュ
よくシェークしてカクテル・グラスに注ぐ。

COCKTAILS

ラウド・スピーカー
Loud Speaker

レモン・ジュース　1/8
コアントロー　1/8
ドライ・ジン　3/8
ブランデー　3/8

よくシェークし、カクテル・グラスに注ぐ。

ラジオ・アナウンサーが独特なしゃべり方をするのは、このカクテルのせいだ。3杯ならまだためらいの段階だが、5杯目以降になると接吻(オシレーション/オスキュレーション)に達する可能性のあるカクテル。

ルイージ
Luigi

グレナデン・シロップ　ティースプーン1
コアントロー　1ダッシュ
タンジェリン果汁　1/2個分
ドライ・ジン　1/2
ドライ・ヴェルモット　1/2

よくシェークし、カクテル・グラスに注ぐ。

ラトキンズ・スペシャル
Lutkins Special

オレンジ・ジュース　2ダッシュ
アプリコット・ブランデー　2ダッシュ
ドライ・ヴェルモット　1/2
ドライ・ジン　1/2

よくシェークし、カクテル・グラスに注ぐ。

マカロニ
Macaroni

スイート・ヴェルモット　1/3
アブサン　2/3

よくシェークし、カクテル・グラスに注ぐ。

マクレランド
McClelland

アブサン　1ダッシュ
キュラソー　1/3
スロー・ジン　2/3

よくシェークし、カクテル・グラスに注ぐ。

COCKTAILS

レモン・ジュース　1/4
生クリーム　1/4　　ジン　1/2
グレナデン・シロップ　1ダッシュ
よくシェークし、カクテル・グラスに注ぐ。

マグノリア・ブロッサム
The Magnolia Blossom

コアントロー　1/6
バカルディ・ラム　1/6
ドライ・ジン　2/3
よくシェークし、カクテル・グラスに注ぐ。

マージャン
Mah-Jongg

注：麻雀。

レモン・ジュース　1ダッシュ
オレンジ・キュラソー　4ダッシュ
グレナデン・シロップ　4ダッシュ
ドライ・ジン　グラス1
よくシェークし、カクテル・グラスに注ぐ。

メイデンズ・ブラッシュ (No.1)
Maiden's Blush (No.1)

アブサン　1/3　　ドライ・ジン　2/3
グレナデン・シロップ
　ティースプーン1
よくシェークし、カクテル・グラスに注ぐ。

メイデンズ・ブラッシュ (No.2)
Maiden's Blush (No.2)

オレンジ・ジュース　1/8
レモン・ジュース　1/8
コアントロー　3/8
ドライ・ジン　3/8
よくシェークし、カクテル・グラスに注ぐ。

メイデンズ・プレイヤー (No.1)
Maiden's Prayer (No.1)

キナ・リレ　1/3
ドライ・ジン　1/3
カルヴァドス　1/6　　プリコタ　1/6
よくシェークし、カクテル・グラスに注ぐ。

メイデンズ・プレイヤー (No.2)
Maiden's Prayer (No.2)

最初はうまくいかないという原則があるし、何度か泣くしかない。

COCKTAILS

マミー・テイラー
The Mamie Taylor

ウイスキー　1フッカー
ライム果汁　2個分

トール・グラスに注ぎ、ジンジャー・エールで満たす。

マンハッタン
（No.1）
Manhattan (No.1)

スモール・バー・グラスを使う。
キュラソー
　　またはマラスキーノ　2ダッシュ
ライ・ウイスキー　1ポニー（1オンス）
ヴェルモット（スイートとドライをミックス）　ワイン・グラス1
アンゴスチュラ・ビターズ　3ダッシュ
角氷　小2個

よくシェークし、クラレット・グラスに注ぐ。レモン・スライス1/4切れをグラスに入れてサーヴする。甘口が好みであれば、ガム・シロップ　2ダッシュを加える。

マンハッタン
（No.2）
Manhattan (No.2)

アンゴスチュラ・ビターズ　1ダッシュ
カナディアン・クラブ・ウイスキー　2/3
バロール・スイート・ヴェルモット　1/3

よくシェークし、カクテル・グラスに注ぎ、チェリーを添える。

ニューヨーク市がある島にちなんで名づけられた。

COCKTAILS

スイート・ヴェルモット　1/2
ライ・ウイスキー
　　またはカナディアン・クラブ・ウイ
　　スキー　1/2

よくステアし、カクテル・グラスに注ぐ。

マンハッタン
（スイート）
Manhattan (Sweet)

ドライ・ヴェルモット　1/4
スイート・ヴェルモット　1/4
ライ・ウイスキー
　　またはカナディアン・クラブ・ウイ
　　スキー　1/2

よくステアし、カクテル・グラスに注ぐ。

マンハッタン
（ドライ）
Manhattan (Dry)

レモン果汁　1個分
キュラソー　2ダッシュ　　ジン　1/2
カペリティフ　1/2

よくシェークし、ポート・ワイン・グラスに注ぐ。

マニヤン
Manyann

バカルディ・ラム　1/3
ドライ・ヴェルモット　1/3
スイート・ヴェルモット　1/3
キルシュ　1ダッシュ
レモン果汁　1/2個分
ライム果汁　1/3個分
少量の砂糖を溶かしたソーダ水

よくシェークし、カクテル・グラスに注ぐ。

マラガト
（スペシャル）
Maragato (Special)

オレンジ・ビターズ　1ダッシュ
ドライ・ヴェルモット　1/3
ドライ・ジン　2/3

よくシェークし、カクテル・グラスに注ぐ。
オレンジ・ピールを絞る。

マルゲリート
Marguerite

COCKTAILS

マーマレード
（6人分）
Marmalade

甘みと苦みが持ち味のこのカクテルは、昼食会のアペリティフに最適。以下の材料をシェーカーに入れる。

オレンジ・マーマレード
　　デザートスプーン2
レモン果汁　大1個分　または小2個分
ジン　グラス4

ていねいにシェークしてグラスに分けて注ぎ、それぞれにオレンジ・ピールを絞る。

マーニー
Marny

グラン・マルニエ　1/3
ドライ・ジン　2/3

よくシェークし、カクテル・グラスに注ぐ。

マルティネス
（6人分）
Martinez

以下の材料をシェーカーに入れる。
ジン　グラス3
ドライ・ヴェルモット　グラス3
オレンジ・ビターズ　デザートスプーン1
キュラソー　または
　　マラスキーノ　デザートスプーン2

シェークして、チェリーとレモン・ピールを添える。

マティーニ
（ドライ）
Martini (Dry)

ドライ・ヴェルモット　1/3
ドライ・ジン　2/3

よくシェークし、カクテル・グラスに注ぐ。

マティーニ
（ミディアム）
Martini (Medium)

ドライ・ヴェルモット　1/4
スイート・ヴェルモット　1/4
ドライ・ジン　1/2

よくシェークし、カクテル・グラスに注ぐ。

COCKTAILS

スイート・ヴェルモット 1/3
ロンドン・ジン 2/3
よくシェークし、カクテル・グラスに注ぐ。

マティーニ
（スイート）
Martini (Sweet)

ジン グラス4
スイート・ヴェルモット グラス1 1/2
オレンジ・フラワー・ウォーター
　　グラス1/3
シェークする前に、アブサン 1ダッシュと
アンゴスチュラ・ビターズ 1〜2ダッシュ
を加える。

マティーニ
（スペシャル）
（6人分）
Martini (Special)

ジャマイカ・ラム 3/4
シロ・ド・シトロン 1/8
グレナデン・シロップ 1/8
よくシェークし、カクテル・グラスに注ぐ。

マーヴェル
The Marvel

バカルディ・ラム 1/2
パイナップル・ジュース 1/2
グレナデン・シロップ ティースプーン1
マラスキーノ 6ドロップ
よくシェークし、カクテル・グラスに注ぐ。

メアリー・
ピックフォード
Mary Pickford

注：カナダ生まれの米国の無声映画
女優。1893-1979

アブサン 1ダッシュ
オレンジ果汁 1/4個分
スイート・ヴェルモット 1/4
ドライ・ヴェルモット 1/4
ドライ・ジン 1/2
よくシェークし、カクテル・グラスに注ぐ。

モーリス
Maurice

クローヴ・シロップ 1ダッシュ
アプリコット・ブランデー 1/4
オレンジ・ジュース 1/4
ドライ・ジン 1/2
よくシェークし、カクテル・グラスに注ぐ。

メイフェア
Mayfair

COCKTAILS

メルバ
Melba

注：オーストラリア生まれのソプラノ歌手、ネリー・メルバ（1861-1931）にちなんで名づけられた。

グレナデン・シロップ　2ダッシュ
アブサン　2ダッシュ
レモン果汁　1/4個分
　　またはライム果汁　1/2個分
バカルディ・ラム　グラス1/2
スウェディッシュ・パンチ　グラス1/2

よくシェークし、カクテル・グラスに注ぐ。

メロン
Melon

レモン・ジュース　1/8
マラスキーノ　3/8
ジン　1/2

よくシェークし、カクテル・グラスに注ぐ。

メリー・ウィドウ
Merry Widow

アブサン　2ダッシュ
アンゴスチュラ・ビターズ　2ダッシュ
ベネディクティン　2ダッシュ
ドライ・ヴェルモット　1/2
ドライ・ジン　1/2

よくステアし、カクテル・グラスに注ぐ。

ミッキー・ウォーカー
Mickie Walker

グレナデン・シロップ　1ダッシュ
レモン・ジュース　1ダッシュ
スイート・ヴェルモット　1/4
スコッチ・ウイスキー　3/4

よくシェークし、カクテル・グラスに注ぐ。

COCKTAILS

アンゴスチュラ・ビターズ　2ダッシュ
クレーム・ド・ノワヨー　2ダッシュ
オルジェー・シロップ　2ダッシュ
キュラソー　2ダッシュ
ブランデー　グラス1/2
よくシェークし、カクテル・グラスに注ぐ。

ミカド
Mikado

注：「ミカド」はギルバート＆サリヴァンのサヴォイ・オペラ（1885年）。

ライム果汁　1個分
グレナデン・シロップ　1ダッシュ
スロー・ジン　1/3
アプリコット・ブランデー　1/3
ジャマイカ・ラム　1/3
よくシェークし、カクテル・グラスに注ぐ。

ミリオネア
(No.1)
Millionaire (No.1)

アニゼット　1ダッシュ
卵白　1個分　　アブサン　1/3
ドライ・ジン　2/3
よくシェークし、カクテル・グラスに注ぐ。

ミリオネア
(No.2)
Millionaire (No.2)

パイナップル・ジュース
　　テーブルスプーン1
グレナデン・シロップ
　　ティースプーン1
卵白　1個分
スイート・ヴェルモット　1/3
プリマス・ジン　2/3
よくシェークし、ミディアム・サイズ・グラスに注ぐ。

ミリオン・ダラー
Million Dollar

オレンジ果汁　1/4個分
ドライ・ヴェルモット　1/4
スイート・ヴェルモット　1/4
ドライ・ジン　1/2
アブサン　1ダッシュ
よくシェークし、カクテル・グラスに注ぐ。

ミネハハ
Minnehaha

注：ヘンリー・ロングフェローの詩に登場するスー族インディアンの娘の名。"laughing water"の意味なので、転じてシャンパンのことも指す。

COCKTAILS

ミント・カクテル
(6人分)
Mint Cocktail

フレッシュ・ミントの小枝2、3本を白ワイン グラス1 1/2に2時間浸す。クレーム・ド・マント グラス1 1/2の、ジン グラス2、白ワイン グラス1 1/2を加える。氷で冷やし、よくシェークする。

グラスに注ぎ分け、それぞれにミントの小枝を趣味よくアレンジして添える。

ミシシッピ・ミュール
Mississippi Mule

ドライ・ジン 2/3
レモン・ジュース 1/6
クレーム・ド・カシス 1/6
よくシェークし、カクテル・グラスに注ぐ。

ミスター・マンハッタン
Mr. Manhattan

角砂糖1個を砕いて少量の水に溶かす。フレッシュ・ミントの葉4枚をつぶして入れ、以下の材料を加える。

レモン・ジュース 1ダッシュ
オレンジ・ジュース 4ダッシュ
ジン グラス1

よくシェークし、カクテル・グラスに注ぐ。

名家に仕える威厳ある執事の図。うかつにもにドアをあけたとたん、大勢の派手な若者たちが入ってきてびっくりしている。

COCKTAILS

オレンジ・ビターズ　1ダッシュ
ジャマイカ・ラム　2ダッシュ
アブサン　1ダッシュ
レモン・ジュース　2ダッシュ
スコッチ・ウイスキー　グラス1

よくシェークし、カクテル・グラスに注ぐ。

モダーン
(No.1)
Modern (No.1)

オレンジ・ビターズ　1ダッシュ
アブサン　1ダッシュ
グレナデン・シロップ　1ダッシュ
スコッチ・ウイスキー　1/3
スロー・ジン　2/3

よくシェークし、カクテル・グラスに注ぐ。

モダーン
(No.2)
Modern (No.2)

ドライ・ヴェルモット　1/4
カペリティフ　1/4
ドライ・ジン　1/2

よくステアし、カクテル・グラスに注ぐ。

モダー・リヴァー
Modder River

ジン　グラス2
スロー・ジン　グラス2
ドライ・ヴェルモット　グラス2
オレンジ・ビターズ　数ドロップと砂糖を加えて味をみる。

シェークしてカクテル・グラスに注ぐ。

モール
(6人分)
Moll

アブサン　3ダッシュ
グレナデン・シロップ　3ダッシュ
オレンジ・ジュース　1/3
ドライ・ジン　2/3

よくシェークし、カクテル・グラスに注ぐ。

モンキー・グランド
Monkey Gland

COCKTAILS

モンテカルロ・インペリアル
Monte Carlo Imperial

ドライ・ジン　1/2
レモン・ジュース　1/4
クレーム・ド・マント（ホワイト）　1/4

よくシェークし、ミディアム・サイズ・グラスに注ぎ、シャンパンで満たす。

モンペリエ
Montpelier

ドライ・ヴェルモット　1/3
ドライ・ジン　2/3

よくシェークし、カクテル・グラスに注ぐ。パール・オニオンのピクルスを加える。

ムーンライト
（6人分）
Moonlight

グレープフルーツ・ジュース　グラス1 1/2
ジン　グラス2
キルシュ　グラス1/2
白ワイン　グラス2

氷を加え、よくシェークする。グラスに注ぎ分け、それぞれにレモン・ピールを添える。

とてもドライなカクテル。

ムーンレイカー
（6人分）
Moonraker

シェーカーにブランデー　グラス2、キナ入りワイン　グラス2、ピーチ・ブランデー　グラス2を注ぎ入れる。アブサン　3ダッシュを加え、勢いよくシェークしてサーブする。

ムーンシャイン
（6人分）
Moonshine

ジン　グラス3
ドライ・ヴェルモット　グラス2
マラスキーノ　グラス1

1ドロップのアブサン・ビターズを加えてからシェークする。

モーニング
Morning

キュラソー　2ダッシュ
マラスキーノ　2ダッシュ
オレンジ・ビターズ　2ダッシュ
アブサン　2ダッシュ
ブランデー　1/2
ドライ・ヴェルモット　1/2

よくシェークし、カクテル・グラスに注ぐ。チェリーを飾り、レモン・ピールを絞りかける。

モーニング・グローリー
Morning Glory

ガム・シロップ　3ダッシュ
キュラソー　2ダッシュ
ビターズ　2ダッシュ
アブサン　1ダッシュ
ブランデー　リキュール・グラス1
ウイスキー　リキュール・グラス1
レモン・ピール　1切れ
　（皮の油分をひねって絞りだしたもの）
小さな氷塊　2個

よくステアし、氷塊を取り除く。グラスをセルツァー水、またはプレーン・ソーダ水で満たし、少量の砂糖を加えてティースプーンでステアする。

注：アサガオの意味。一種の迎え酒。

ムーラン・ルージュ
Moulin Rouge

グレナデン・シロップ　3ダッシュ
アプリコット・ブランデー　1/2
オレンジ・ジン　1/4
レモン・ジュース　1/4

よくシェークし、カクテル・グラスに注ぐ。

マウンテン
Mountain

卵白　1個分
レモン・ジュース　1/6
ドライ・ヴェルモット　1/6
スイート・ヴェルモット　1/6
カナディアン・クラブ・ウイスキー　1/2

よくシェークし、ミディアム・サイズ・グラスに注ぐ。

COCKTAILS

ミュールズ・ハインド・レッグ
The Mule's Hind Leg

ジン　1/5
ベネディクティン　1/5
アップルジャック　1/5
メープル・シロップ　1/5
アプリコット・ブランデー　1/5

よくシェークし、カクテル・グラスに注ぐ。

ナポレオン
Napoleon

フェルネット・ブランカ　1ダッシュ
キュラソー　1ダッシュ
デュボネ　1ダッシュ
ドライ・ジン　グラス1

よくシェークし、カクテル・グラスに注ぐ。
レモン・ピールを絞る。

ネヴァダ
The Nevada

バカルディ・ラム　1フッカー
グレープフルーツ果汁　1/2個分
ライム果汁　1個分
パウダー・シュガー
ビターズ　1ダッシュ

よくシェークし、カクテル・グラスに注ぐ。

ニューベリー
Newbury

レモン・ピール　1切れ
オレンジ・ピール　1切れ
キュラソー　3ダッシュ
スイート・ヴェルモット　1/2
ドライ・ジン　1/2

よくシェークし、カクテル・グラスに注ぐ。

ニュー・ライフ
New Life

ハーキュリーズ　1/4
バカルディ・ラム　1/4
コアントロー　1/2

よくシェークし、カクテル・グラスに注ぐ。

COCKTAILS

オレンジ・ビターズ　1ダッシュ
ドライ・ヴェルモット　1/4
スイート・ヴェルモット　1/4
カナディアン・クラブ・
　　ウイスキー　1/2

よくシェークし、カクテル・グラスに注ぐ。
レモン・ピールを絞る。

ニュー 1920
New 1920

アンゴスチュラ・ビターズ　1ダッシュ
コアントロー　1/4
ブランデー　3/4

よくシェークし、カクテル・グラスに注ぐ。

ニュートンズ・スペシャル
Newton's Special

角砂糖　1個
ライム果汁　1/2個分
　　またはレモン果汁　1/4個分
グレナデン・シロップ　2ダッシュ
オレンジ・ピール　1切れ
カナディアン・クラブ・ウイスキー
　　グラス1

よくシェークし、カクテル・グラスに注ぐ。

ニューヨーク
New York

COCKTAILS

ニックス・オウン
Nick's Own

アンゴスチュラ・ビターズ　1ダッシュ
アブサン　1ダッシュ
スイート・ヴェルモット　1/2
ブランデー　1/2

よくシェークし、カクテル・グラスに注ぐ。
チェリーを加え、レモン・ピールを絞る。

ニコラシカ
Nicolaski

ブランデー　2/3
少量のグラニュー糖をかけた
　　レモン・スライス　1切れ

上記のレモンを通してブランデーを飲む。

ナイト・キャップ
Night Cap

卵黄　1個分
アニゼット　1/3
キュラソー　1/3
ブランデー　1/3

よくシェークし、カクテル・グラスに注ぐ。

ナインピック
Nine-pick

アブサン　2/3
ジン　1/3
アンゴスチュラ・ビターズ　1ダッシュ
オレンジ・ビターズ　1ダッシュ
シロップ　1ダッシュ

よくシェークし、カクテル・グラスに注ぐ。

ナインティーン
Nineteen

アブサン　1ダッシュ
ドライ・ジン　1/6
キルシュ　1/6
ドライ・ヴェルモット　2/3
シロップ　4ダッシュ

よくシェークし、カクテル・グラスに注ぐ。

COCKTAILS

グロセイユ・シロップ　ティースプーン1
ペルノ・キルシュ　1/6
クリスタル・ジン　1/6
ドライ・ヴェルモット　2/3
アブサン　1ダッシュ

よくシェークし、カクテル・グラスに注ぐ。

ナインティーン・トゥエンティ
Nineteen-twenty

ペルノ・アブサン　2/3　　ジン　1/3
アンゴスチュラ・ビターズ　1ダッシュ
オレンジ・ビターズ　1ダッシュ
ガム・シロップ　1ダッシュ

よくシェークし、ミディアム・サイズのワイン・グラスに注ぎ、バランスよくソーダ水で満たす。

ナインティーン・トゥエンティ・ピック・ミー・アップ
Nineteen-twenty Pick-me-up

1フッカーのジンにオリーブ1個を入れた小さなグラスを普通のタンブラーの底へ慎重に置く。タンブラーのほうに、小さいグラスの上縁ぎりぎりの高さまで水、ジンジャー・エールなどを注ぎ、そのまま全部をすばやく飲む。

もちろん、小さいグラスは飲まないこと。

ノーズダイヴ
The Nose-dive

注：ノーズダイヴは、飛行機の垂直降下。

アメリカの小飛行場にいるパイロットたちのあいだでよく知られるカクテル。

レモン・ジュース　グラス1/4
キナ・リレ　グラス1/4
コアントロー　グラス1/4
ブランデー　グラス1/4

よくシェークし、カクテル・グラスに注ぐ。

オッド・マッキンタイア
Odd McIntyre

オー・ヘンリー！ Oh, Henry!	ベネディクティン　1/3 ウイスキー　1/3 ジンジャー・エール　1/3 よくステアしてサーブする。
オールド・ イートニアン Old Etonian	オレンジ・ビターズ　2ダッシュ クレーム・ド・ノワヨー　2ダッシュ ロンドン・ジン　1/2 キナ・リレ　1/2 よくシェークし、カクテル・グラスに注ぐ。 オレンジ・ピールを絞る。
オールド・ ファッションド Old Fashioned	角砂糖　1個 アンゴスチュラ・ビターズ　2ダッシュ ライ・ウイスキー 　　またはカナディアン・クラブ・ウイ 　　スキー　グラス1 ミディアム・サイズ・グラスで角砂糖をビ ターズと一緒につぶし、氷塊を加える。レ モン・ピールのツイストとオレンジ・スラ イスを飾りつけ、よくステアする。ライ・ ウイスキーの代わりに、ブランデーやジン、 ラムを使ってもよい。

COCKTAILS

カナディアン・クラブ・ウイスキー　1/3
ドライ・ヴェルモット　1/3
カンパリ　1/3
よくシェークし、カクテル・グラスに注ぐ。

"オールド・パル"
"Old Pal"

シロップ　2ダッシュ
オレンジ・ビターズ　2ダッシュ
アブサン　3ダッシュ
プリマス・ジン　グラス2/3
よくシェークしてカクテル・グラスに注ぎ、
オリーヴを添え、レモン・ピールを絞る。

オリヴェット
Olivette

オレンジ・ジュース　1/3
キュラソー　1/3
ブランデー　1/3
よくシェークし、カクテル・グラスに注ぐ。

オリンピック
Olympic

オレンジ・ジュース　1ダッシュ
ドライ・ヴェルモット　1/3
スイート・ヴェルモット　1/3
プリマス・ジン　1/3
よくシェークし、ポート・ワイン・グラスに
注ぐ。レモン・ピールを絞る。グラスの縁に
グラニュー糖をまぶす。

ワン・
エキサイティング・
ナイト
One Exciting Night

アンゴスチュラ・ビターズ　1ダッシュ
カペリティフ　1/2
カルヴァドス　1/2
よくシェークし、カクテル・グラスに注ぐ。

ウーム・ポール
Oom Paul

注：ウームは南アフリカ英語で叔父。

COCKTAILS

オパール
（6人分）
Opal

ジン　グラス3
オレンジ・ジュース　グラス2
コアントロー　グラス1
砂糖　少量

少量のオレンジ・フラワー・ウォーターを加える。シェークしてサーブする。

オープニング
Opening

グレナデン・シロップ　1/4
スイート・ヴェルモット　1/4
カナディアン・クラブ・ウイスキー　1/2

よくシェークし、カクテル・グラスに注ぐ。

オペラ
Opera

マラスキーノ　1/6
デュボネ　1/6
ドライ・ジン　2/3

よくシェークし、カクテル・グラスに注ぐ。オレンジ・ピールを絞る。

オレンジ・カクテル
（6人分）
Orange Cocktail

フレッシュ・オレンジ・ジュース　グラス1 1/2、オレンジ・ビターズ　デザート・スプーン1、ジン　グラス3、シュガー・シロップ　デザート・スプーン1（またはスプーン山盛りのパウダー・シュガー）、ドライ・ヴェルモット　グラス1を用意する。シェーカーを氷で1時間冷やし、水っぽくなりすぎない程度に、大きめの氷塊2、3個を入れてシェークする。各グラスにオレンジ・ピールを絞ってサーブする。

COCKTAILS

オレンジ・ブルーム
Orange Bloom

スイート・ヴェルモット 1/4
コアントロー 1/4　ドライ・ジン 1/2

よくシェークし、カクテル・グラスに注ぎ、チェリーを添える。

オレンジ・ブロッサム
Orange Blossom

オレンジ・ジュース 1/2
ドライ・ジン 1/2

よくシェークし、カクテル・グラスに注ぐ。

オレンジ・マティーニ
(6人分)
Orange Martini

ジン グラス2 1/2
ドライ・ヴェルモット グラス2
スイート・ヴェルモット グラス1

上記の材料を混ぜたものに、細かくすり下ろしたオレンジの果皮1個分(皮の内側白い部分をすべてきれいに取り除いたもの)を浸し、そのまま1、2時間置く。氷を加えてシェークする。グラスの内側にオレンジ・ビターズをたらしたものに注ぎ分ける。

オリエンタル
Oriental

ライ・ウイスキー 1/2
スイート・ヴェルモット 1/4
ホワイト・キュラソー 1/4
ライム果汁 1/2個分

よくシェークし、カクテル・グラスに注ぐ。

1924年8月、フィリピンにいたあるアメリカ人技師が熱病のせいで死にかけていたが、B―医師の献身的な介護のおかげで一命を取りとめることができた。技師は感謝のしるしとして、B―医師にこのカクテルのレシピを教えたという。

パディ
Paddy

パディー・アイリッシュ・ウイスキー 1/2
スイート・ヴェルモット 1/2
アンゴスチュラ・ビターズ 1ダッシュ

よくシェークし、カクテル・グラスに注ぐ。

COCKTAILS

ペルメル
Pall Mall

オレンジ・ビターズ　1ダッシュ
クレーム・ド・マント（ホワイト）
　　ティースプーン1
スイート・ヴェルモット　1/3
ドライ・ヴェルモット　1/3
プリマス・ジン　1/3

よくシェークし、カクテル・グラスに注ぐ。

パーマー
Palmer

レモン・ジュース　1ダッシュ
アンゴスチュラ・ビターズ　1ダッシュ
カナディアン・クラブ・ウイスキー
　　グラス1

よくシェークし、カクテル・グラスに注ぐ。

パルメット
Palmetto

オレンジ・ビターズ　2ダッシュ
スイート・ヴェルモット　1/2
セント・クロイ・ラム　1/2

よくシェークし、カクテル・グラスに注ぐ。

パナマ
Panama

クレーム・ド・カカオ　1/3
生クリーム（加糖）　1/3
ブランデー　1/3

よくシェークし、カクテル・グラスに注ぐ。

パンジー
Pansy

アンゴスチュラ・ビターズ　2ダッシュ
グレナデン・シロップ　6ダッシュ
アブサン　リキュール・グラス1

よくシェークし、カクテル・グラスに注ぐ。

COCKTAILS

アンゴスチュラ・ビターズ　2ダッシュ
グレナデン・シロップ
　　ティースプーン1
アニス・デル・オソ　グラス1
よくシェークし、カクテル・グラスに注ぐ。

パンジー・ブロッサム
Pansy Blossom

オルジェー・シロップ　1ダッシュ
グレナデン・シロップ　1ダッシュ
卵白　1個分
ドライ・ヴェルモット
　　リキュール・グラス1
よくシェークし、ミディアム・サイズ・グラスに注ぐ。

パントマイム
Pantomime

レモン・ジュース　1ダッシュ
オレンジ・ジュース　1/4
ジン　1/2
アプリコット・ブランデー　1/4
よくシェークし、カクテル・グラスに注ぐ。

パラダイス
Paradise

ドライ・ヴェルモット　1/3
クレーム・ド・カシス　1/3
ジン　1/3
よくシェークし、カクテル・グラスに注ぐ。

パリジャン
Parisian

生クリーム（加糖）　1/3
キュラソー　1/3
ジャマイカ・ラム　1/3
よくシェークし、カクテル・グラスに注ぐ。

パリジャン・ブロンド
Parisian Blonde

COCKTAILS

パッツ・スペシャル
(6人分)
Pat's Special

ジン グラス2、シェリー グラス2、キナ入りワイン グラス2をシェーカーに入れ、クレーム・ド・カシス 2ダッシュ、アプリコティーヌ 2ダッシュを加える。よくシェークし、チェリーとオレンジ・ピールを添えてサーブする。

ポーリーン
(6人分)
Pauline

ラム グラス3
レモン・ジュース（加糖） グラス3
アブサン・ビターズ 1ダッシュ
ナツメグ（挽いたもの） 少量

よくシェークし、カクテル・グラスに注ぐ。

ペギー
Peggy

アブサン 1ダッシュ
デュボネ 1ダッシュ
ドライ・ヴェルモット 1/3
ドライ・ジン 2/3

よくシェークし、カクテル・グラスに注ぐ。

ペグー・クラブ
Pegu Club

アンゴスチュラ・ビターズ 1ダッシュ
オレンジ・ビターズ 1ダッシュ
ライム・ジュース ティースプーン1
キュラソー 1/3
ドライ・ジン 2/3

よくシェークし、カクテル・グラスに注ぐ。

ビルマ（ミャンマー）のペグー・クラブでの人気カクテル。世界中に広がり、注文されるようになった。

パーフェクト
Perfect

ドライ・ヴェルモット 1/3
スイート・ヴェルモット 1/3
ドライ・ジン 1/3

よくシェークし、カクテル・グラスに注ぐ。

COCKTAILS

アンゴスチュラ・ビターズ　1ダッシュ
ハーキュリーズ　1/4
アップルジャック
　　またはカルヴァドス　1/4
ドライ・ジン　1/2
よくシェークし、カクテル・グラスに注ぐ。

パーソナリティ・ア・ラ・ロワ
Personality a la Roy

注：Royはトレンディーな男の意味。

ピーチ・ビターズ　1/4
オレンジ・ジュース　1/4
ドライ・ヴェルモット　1/4
ドライ・ジン　1/4
よくシェークし、カクテル・グラスに注ぐ。

ピーター・パン
Peter Pan

オレンジ果汁　1/4個分
ドライ・ヴェルモット　1/4
スイート・ヴェルモット　1/4
プリマス・ジン　1/2
マラスキーノ　2ダッシュ
よくシェークし、カクテル・グラスに注ぐ。

ピートウ
Peto

アップルジャック　1フッカー
ポート・ワイン　1フッカー
オレンジ果汁　1個分
材料をタンブラーに入れ、ジンジャー・エールで満たす。

フィラデルフィア・スコッチマン
Philadelphia Scotchman

シェリー　グラス2 1/2
ラム　グラス1
キナ入りワイン　グラス1 1/2
オレンジ・ジュース　グラス1 1/2
コショウを一挽き加え、シェークすればできあがり！

フィロメル *
(6人分)
Philomel

注：フィロメルはナイチンゲールのこと。

* 飲んだあとはみんながナイチンゲール（サヨナキドリ）のように
　歌がうまくなる、というのが名前の由来。

COCKTAILS

フィービ・スノウ
Phoebe Snow

注：Phoebeはギリシャ語で光り輝くの意味。月の女神、転じて月のことも指す。

アブサン　1ダッシュ
ブランデー　1/2
デュボネ　1/2

よくシェークし、カクテル・グラスに注ぐ。

ピカド
Piccad

アンゴスチュラ・ビターズ　3ダッシュ
カペリティフ　1/2
ドライ・ジン　1/2

レモン・ピール2、3片と一緒によくシェークしてグラスに注ぐ。

ピカディリー
Piccadilly

アブサン　1ダッシュ
グレナデン・シロップ　1ダッシュ
ドライ・ヴェルモット　1/3
ドライ・ジン　2/3

よくシェークし、カクテル・グラスに注ぐ。

自分と同じ名前のカクテル"ブロンクス"を考案した経緯を説明する手紙を『タイムズ』宛てに書く、ジョージ・ワシントン・ブロンクス。

スイート・ヴェルモット　1/2
アメール・ピコン　1/2
よくシェークし、カクテル・グラスに注ぐ。

ピコン
Picon

アメール・ピコン　リキュール・グラス1
グレナデン・シロップ
　　　リキュール・グラス1/2
ミディアム・サイズ・グラスを使い、ソーダ水で満たす。

ピコン・アンド・グレナデン
Picon and Grenadine

最初にパイナップルを絞ってグラス1の果汁を作る。果汁を絞り出した後のパイナップルを白ワイン（ドライ）グラス2に浸す。これらにレモン1/4個分の果汁を加えて混ぜ、全部をシェリー　グラス3と一緒にシェーカーに入れる。氷の中にシェーカーを立てる。ただし中に氷は入れない。シェークしてグラスに注ぎ、パイナップルの小片を添えてサーブする。とてもマイルドなカクテルである。

パイナップル・カクテル
（6人分）
Pineapple Cocktail

レモン果汁　1/4個分
スロー・ジン　1/2
クレーム・イヴェット　1/2
よくシェークし、カクテル・グラスに注ぐ。

ピンポン
Ping-Pong

ピンポン・スペシャル
（6人分）
Ping-Pong Special

スロー・ジン、スイート・ヴェルモット 各グラス3に、アンゴスチュラ・ビターズ デザートスプーン1/2、シュガー・シロップまたはキュラソー デザートスプーン1を混ぜてよくシェークする。チェリーとレモン・ピールを添えてサーブする。

ピンク・ベイビー
Pink Baby

ジン　1/2　　卵白　1個分
グレナデン・シロップ　1/4
シロ・ド・シトロン　1/4

よくシェークし、ミディアム・サイズ・グラスに注ぐ。

ピンク・ジン
Pink Gin

アンゴスチュラ・ビターズ　1ダッシュ
ジン　グラス1

よくシェークし、カクテル・グラスに注ぐ。

ピンク・レディ
Pink Lady

卵白　1個分
グレナデン・シロップ　テーブルスプーン1
プリマス・ジン　グラス1

よくシェークし、ミディアム・サイズ・グラスに注ぐ。

ピンク・パール
（6人分）
Pink Pearl

グレープフルーツ・ジュース　グラス11/2、レモン・ジュース　デザートスプーン1、グレナデン・シロップ　デザートスプーン1/2、卵白1個分を用意する。

細かく砕いた氷を多めに加え、よくシェークする。

COCKTAILS

ピンク・ローズ
Pink Rose

卵白　1個分
グレナデン・シロップ　ティースプーン1
レモン・ジュース　ティースプーン1
生クリーム（加糖）　ティースプーン1
ドライ・ジン　グラス2/3

よくシェークし、カクテル・グラスに注ぐ。

ピンキー
Pinky

卵白　1個分
グレナデン・シロップ　1/2
ドライ・ジン　1/2

よくシェークし、カクテル・グラスに注ぐ。

シェリー　グラス6、アブサン・ビターズ
数ドロップ、マラスキーノ　数ドロップを
シェーカーに入れる。十分にシェークし
て、サーブする。

プレーン・シェリー
（6人分）
Plain Sherry

ドライ・ヴェルモット　グラス5 1/2
アブサン・ビターズ　ティースプーン1
マラスキーノ　ティースプーン1

十分にシェークし、チェリーを添えてサー
ブする。

プレーン・ヴェルモット
（6人分）
Plain Vermouth

レモン・ジュース　1ダッシュ
オレンジ・ジュース　1/2
ラム　1/2

よくシェークし、カクテル・グラスに注ぐ。

プランターズ
（No.1）
Planter's (No.1)

COCKTAILS

プランターズ
（No.2）
Planter's (No.2)

レモン・ジュース　1/4
シロップ　1/4
ジャマイカ・ラム　1/2
よくシェークし、カクテル・グラスに注ぐ。

プランターズは、良質なラムが安く手に入るジャマイカの農園経営者(プランター)たちの間で特に好まれている。

プラザ
Plaza

スイート・ヴェルモット　1/3
ドライ・ヴェルモット　1/3
ドライ・ジン　1/3
パイナップル　1切れ
よくシェークし、カクテル・グラスに注ぐ。

ポーカー
Poker

スイート・ヴェルモット　1/2
バカルディ・ラム　1/2
よくシェークし、カクテル・グラスに注ぐ。

ポロ
（No.1）
Polo (No.1)

レモン果汁　1/4個分
　またはライム果汁　1/2個分
スイート・ヴェルモット　1/3
ドライ・ヴェルモット　1/3
ドライ・ジン　1/3
よくシェークし、カクテル・グラスに注ぐ。

ポロ
（No.2）
Polo (No.2)

グレープフルーツ・ジュース　1/6
オレンジ・ジュース　1/6
プリマス・ジン　2/3
よくシェークし、カクテル・グラスに注ぐ。

プーバー
Pooh-Bah

バカルディ・ラム　1/3
アプリコット・ブランデー　1ダッシュ
スウェディッシュ・パンチ　1/3
ドライ・ジン　1/3

よくシェークし、カクテル・グラスに注ぐ。

注：プーバーはギルバート＆サリヴァンのサヴォイ・オペラ『ミカド』の登場人物。

プープ・デック
Poop Deck

ブラックベリー・ブランデー　1/2
ポート・ワイン　1/4
ブランデー　1/4

よくシェークし、カクテル・グラスに注ぐ。

注：プープ・デックは船の船尾楼甲板の意味。

ポピー
Poppy

クレーム・ド・カカオ　1/3
ドライ・ジン　2/3

よくシェークし、カクテル・グラスに注ぐ。

ポート・ワイン・カクテル（No.1）
Port Wine Cocktail (No.1)

ブランデー　1ダッシュ
ポート・ワイン　グラス1

氷で冷やしながら軽くステアし、グラスに注ぐ。オレンジ・ピールを絞る。

ポート・ワイン・カクテル（No.2）
Port Wine Cocktail (No.2)

アンゴスチュラ・ビターズ　1ダッシュ
オレンジ・ビターズ　1ダッシュ
キュラソー　2ダッシュ
ポート・ワイン　グラス1

よくステアし、ポート・ワイン・グラスに注ぐ。

プレーリー・ヘン
Prairie Hen

酢　2ダッシュ
ウスター・ソース　ティースプーン1
卵　1個
タバスコ・ソース　2ダッシュ
塩　コショウ　少々

卵をくずさないこと。

注：プレーリー・ヘンは北米産の鳥、ソウゲンライチョウの意味。

COCKTAILS

プレーリー・オイスター
Prairie Oyster

酢　2ダッシュ
卵黄　1個分
ウスター・ソース　ティースプーン1
トマト・ケチャップ　ティースプーン1
コショウ（トッピング用）　1ダッシュ

卵黄をくずさないこと。

注：もともとプレーリー・オイスターは病人や二日酔い用の飲み物として知られる。

プレジデント
President

グレナデン・シロップ　2ダッシュ
オレンジ果汁　1/4個分
バカルディ・ラム　グラス1

よくシェークし、カクテル・グラスに注ぐ。

プレスト
Presto

アブサン　1ダッシュ
オレンジ・ジュース　1/6
スイート・ヴェルモット　1/6
ブランデー　2/3

よくシェークし、カクテル・グラスに注ぐ。

プリンセス
Princess

アプリコット・ブランデー　3/4
生クリーム（加糖）　1/4

リキュール・グラスを使い、クリームが混ざらないよう慎重に注ぐ。

ちなみに――ロンドン、パリ、ハヴァナ、ニューヨークと、バー・リーニング
を偏愛すると、口が悪くなる。

注：左はピサの斜塔（リーニング・タワー）

COCKTAILS

クレーム・ド・カカオ　1/3
生クリーム（加糖）　1/3
ドライ・ジン　1/3

よくシェークし、カクテル・グラスに注ぐ。

プリンセス・メアリー
Princess Mary

ドライ・ヴェルモット　1/4
デュボネ　1/4
カルヴァドス　1/2

よくシェークし、カクテル・グラスに注ぐ。

プリンセス・メアリーズ・プライド
Princess Mary's Pride

　1922年2月28日、プリンセス・メアリーの婚礼式典を記念し、ハリー・クラドックが考案した。

レモン・ジュース　1ダッシュ
アプリコット・ブランデー　1/4
カルヴァドス
　　またはアップル・ブランデー　1/4
ドライ・ジン　1/2

よくシェークし、カクテル・グラスに注ぐ。

プリンスィズ・スマイル
Prince's Smile

オレンジ・ビターズ　2ダッシュ
ポート・ワイン　1/3
トム・ジン　2/3

よくステアし、カクテル・グラスに注ぐ。レモン・ピールを絞る。

プリンストン
Princeton

プリマス・ジン　1/2
カイナ・リレット　1/2
オレンジ・ジュース　2ダッシュ
アプリコット・ブランデー　1ダッシュ

よくシェークし、カクテル・グラスに注ぐ。レモン・ピールを絞る。

プロヒビション
Prohibition

COCKTAILS

プリュノー
（6人分）
Pruneaux

注：プリュノーはフランス語で干しスモモ（プルーン）。

ジン　グラス2　　シェリー　グラス2
プルーン・シロップ　グラス1
オレンジ果汁　グラス1

砕いた氷で冷やしながら十分にシェークし、サーブする。

クエイカーズ
Quaker's

ブランデー　1/3　　ラム　1/3
レモン・ジュース　1/6
ラズベリー・シロップ　1/6

よくシェークし、カクテル・グラスに注ぐ。

クォーター・デック
Quarter Deck

注：高級船員、士官の意味。

ライム・ジュース　ティースプーン1
シェリー　1/3　　ラム　2/3

よくシェークし、カクテル・グラスに注ぐ。

クイーンズ
Queen's

パイナップルのスライス
　　1/2切れをつぶしたもの
ドライ・ヴェルモット　1/4
スイート・ヴェルモット　1/4
ジン　1/2

よくシェークし、カクテル・グラスに注ぐ。

クイーン・エリザベス
Queen Elizabeth

アブサン　1ダッシュ
レモン・ジュース　1/4
コアントロー　1/4
ドライ・ジン　1/2

よくシェークし、カクテル・グラスに注ぐ。

クイーン・エリザベス
Queen Elizabeth

キュラソー　1ダッシュ
スイート・ヴェルモット　1/2
ブランデー　1/2

よくステアし、カクテル・グラスに注ぐ。
チェリーを1つ添える。

COCKTAILS

キュンメル 1/3　ブランデー 2/3
よくステアし、カクテル・グラスに注ぐ。

ケル・ヴィ
Quelle Vie

　ブランデーが勇気をもたらし、キュンメルが注意力を高めることから、勇気と注意力の完璧なバランス（勇気が支配的）を得ることができる。

オレンジ・ビターズ　2ダッシュ
ドライ・ヴェルモット　1/4
スイート・ヴェルモット　1/4
ドライ・ジン　1/2

よくシェークし、カクテル・グラスに注ぐ。
オレンジ・ピールを絞る。

R・A・C スペシャル
R.A.C. Special

オレンジ・ビターズ　1ダッシュ
ドライ・ヴェルモット　1/3
プリマス・ジン　2/3

よくシェークし、カクテル・グラスに注ぐ。

ラケット・クラブ
Racquet Club

注：ラケットはボールを壁に跳ね返らせるスカッシュに似た球技。

クレーム・ド・カカオ　1/7
クレーム・ド・ヴィオレット　1/7
シャルトリューズ（イエロー）　1/7
マラスキーノ　1/7
ベネディクティン　1/7
シャルトリューズ（グリーン）　1/7
ブランデー　1/7

リキュール・グラスを使い、材料が混ざらないよう慎重に注ぐ。

レインボウ
Rainbow

ハーキュリーズ　1/4
ドライ・ヴェルモット　1/4
ドライ・ジン　1/2

よくシェークし、カクテル・グラスに注ぐ。
オレンジ・ピールを絞る。

レイモン・ニュートン
Ramon Newton

COCKTAILS

ラズベリー
(6人分)
Raspberry

生ラズベリー カップ1を軽くつぶし、ジン グラス2を加える。2時間浸して裏ごしする。キルシュ リキュール・グラス2、モーゼルやグラーヴ、シャブリなど、甘すぎない白ワインをグラス2加える。氷で冷やす。シェークする。各グラスにラズベリーを添えてサーブする。

非常にさわやかな夏のカクテルである。

ラトルスネーク *
(6人分)
Rattle-snake

ライ・ウイスキー グラス4
卵白 2個分
加糖レモン・ジュース グラス1
アブサン 数ダッシュ

十分にシェークし、目の細かな漉し器で漉してサーブする。

* ラトルスネーク、つまりガラガラヘビの、かみ傷を治す、またはガラガラヘビを殺す、あるいはガラガラヘビが見えるようになる、というのが名前の由来。

レイ・ロング
Ray Long

アンゴスチュラ・ビターズ 1ダッシュ
アブサン 4ダッシュ
スイート・ヴェルモット グラス1/3
ブランデー 2/3

よくシェークし、カクテル・グラスに注ぐ。

COCKTAILS

レイモンド・ヒッチ
Raymond Hitch

オレンジ果汁　1/2個分
オレンジ・ビターズ　1ダッシュ
パイナップル・スライス　1切れ
スイート・ヴェルモット　グラス1

よくシェークし、カクテル・グラスに注ぐ。

リフォーム
Reform

オレンジ・ビターズ　1ダッシュ
ドライ・ヴェルモット　1/3
シェリー　2/3

よくステアし、カクテル・グラスに注ぐ。チェリーを添える。

レゾルート
Resolute

レモン・ジュース　1/4
アプリコット・ブランデー　1/4
ドライ・ジン　1/2

よくシェークし、カクテル・グラスに注ぐ。

リ・ヴィゴレータ
Re-vigorator

ジン　1/2
コーラ・トニック　1/4
シロ・ド・シトロン　1/4

よくシェークし、カクテル・グラスに注ぐ。

注：リ・ヴィゴレータは、活力を取り戻すもの、といった意味。

COCKTAILS

ルイジアナのカクテル・タイム（1843年）

COCKTAILS

リッチモンド
Richmond

キナ・リレ　1/3
プリマス・ジン　2/3

よくシェークし、カクテル・グラスに注ぐ。レモン・ピールを絞る。

レモン・ジュース　1/8
オレンジ・ジュース　1/8
グレナデン・シロップ　1/4
ジャマイカ・ラム　1/2
よくシェークし、カクテル・グラスに注ぐ。

ロブスン
Robson

アンゴスチュラ・ビターズ　1ダッシュ
スイート・ヴェルモット　1/2
スコッチ・ウイスキー　1/2
よくシェークし、カクテル・グラスに注ぐ。
　特に聖アンドリューの祝日にサヴォイで毎年盛大に開催される、恒例のスコットランド氏族(クラン)が集まる夜会のオープニングで飲まれる。

注：ロブ・ロイは"スコットランドのロビンフッド"とも呼ばれる匪賊の名。

ロブ・ロイ
Rob Roy

シェリー　1/2　　ドライ・ジン　1/2
よくステアし、カクテル・グラスに注ぐ。
チェリーを添える。

ロッカコウ
Roc-a-Coe

ライ・ウイスキー、
　またはカナディアン・クラブ・
　ウイスキー　グラス1
上記に氷砂糖1個を溶かす。
好みでレモン果汁1個分を加える。

ロック・アンド・ライ
Rock and Rye

135

COCKTAILS

ロールスロイス
Rolls Royce

ベネディクティン 1ダッシュ
ドライ・ヴェルモット 1/4
スイート・ヴェルモット 1/4
ドライ・ジン 1/2
よくシェークし、カクテル・グラスに注ぐ。

**ローズ
（イングリッシュ）**
Rose (English)

レモン・ジュース 1ダッシュ
グレナデン・シロップ 4ダッシュ
アプリコット・ブランデー 1/4
ドライ・ヴェルモット 1/4
ドライ・ジン 1/2
よくシェークし、カクテル・グラスに注ぐ。
カクテル・グラスの縁にグラニュー糖をまぶす。

**ローズ
（フレンチ・スタイル
No.1）**
Rose (French Style No.1)

チェリー・ブランデー 1/4
ドライ・ヴェルモット 1/4
ドライ・ジン 1/2
よくステアし、カクテル・グラスに注ぐ。

**ローズ
（フレンチ・スタイル
No.2）**
Rose (French Style No.2)

チェリー・ブランデー 1/4
キルシュ 1/4
ドライ・ジン 1/2
よくステアし、カクテル・グラスに注ぐ。

**ローズ
（フレンチ・スタイル
No.3）**
Rose (French Style No.3)

グレナデン・シロップ
　　ティースプーン1
ドライ・ヴェルモット 1/2
キルシュ 1/2
よくシェークし、カクテル・グラスに注ぐ。

COCKTAILS

グレナデン・シロップ　2ダッシュ
ドライ・ヴェルモット　1/3
ドライ・ジン　2/3
よくシェークし、カクテル・グラスに注ぐ。
レモン・ピールを絞る。

ロゼリン
Roselyn

スイート・ヴェルモット　1/3
ドライ・ジン　2/3
よくシェークし、カクテル・グラスに注ぐ。
オレンジ・ピールを絞る。

ロージントン
Rosington

スウェディッシュ・パンチ　1/4
バカルディ・ラム　1/4
カルヴァドス　1/2
よくシェークし、カクテル・グラスに注ぐ。

ルーレット
Roulette

レモン果汁　1/2個分
パウダー・シュガー　テーブルスプーン1/2
卵　1個
ドライ・ジン　グラス1
よくシェークし、ミディアム・サイズ・グラスに注ぐ。

ロイヤル
(No.1)
Royal (No.1)

ドライ・ヴェルモット　1/3
ドライ・ジン　1/3
チェリー・ブランデー　1/3
よくステアし、カクテル・グラスに注ぐ。

ロイヤル
(No.2)
Royal (No.2)

COCKTAILS

ロイヤル
(No.3)
Royal (No.3)

ジン　1/3
ドライ・ヴェルモット　1/3
チェリー・ブランデー　1/3
マラスキーノ　1ダッシュ
よくシェークしてカクテル・グラスに注ぎ、チェリーを添える。

ロイヤル・クローヴァー・クラブ
Royal Clover Club

レモン果汁　1/2個分
グレナデン・シロップ
　　テーブルスプーン1
卵黄　1個分　　ジン　グラス1
よくシェークし、ミディアム・サイズ・グラスに注ぐ。

ロイヤル・スマイル
Royal Smile

レモン果汁　1/4個分
グレナデン・シロップ　1/4
アップルジャック
　　またはカルヴァドス　1/2
ドライ・ジン　1/4
よくシェークし、カクテル・グラスに注ぐ。

ロイ・ハワード
Roy Howard

キナ・リレ　グラス1/2
ブランデー　1/4
オレンジ・ジュース　グラス1/4
グレナデン・シロップ　2ダッシュ
よくシェークし、カクテル・グラスに注ぐ。

ラッセル・ハウス
Russell House

オレンジ・ビターズ　2ダッシュ
シロップ　2ダッシュ
ブラックベリー・ブランデー　3ダッシュ
カナディアン・クラブ・ウイスキー
　　グラス1
よくシェークし、カクテル・グラスに注ぐ。

COCKTAILS

クレーム・ド・カカオ　1/3
ドライ・ジン　1/3
ウオツカ　1/3

よくシェークし、カクテル・グラスに注ぐ。
一気にグイッと飲み干スキー。

ラシアン
Russian

アンゴスチュラ・ビターズ　1ダッシュ
シロップ　4ダッシュ
ライ・ウイスキー
　　またはカナディアン・クラブ・ウイ
　　スキー　グラス1

よくステアし、カクテル・グラスに注ぐ。チェリーを添える。

ライ・ウイスキー・カクテル
Rye Whisky Cocktail

レモン果汁　1/2個分
グレープフルーツ果汁　1/4個分
卵白　1個分
シャルトリューズ（グリーン）
　　リキュール・グラス1

よくシェークし、カクテル・グラスに注ぐ。

サン・ジェルマン
St. Germain

北米英語から流暢なロシア語へ翻訳の試み：
「このウイスキーはうまいスキー」

サンフランシスコを発って西回りの世界旅行の末、自由の女神像を初めて目にした一アメリカ人の、すさまじい熱狂ぶり。

セント・マーク
St. Mark

グロセイユ・シロップ　1/6
バローズ・ビーフィーター・ジン　1/3
チェリー・ブランデー　1/6
ドライ・ヴェルモット　1/3

よくシェークし、カクテル・グラスに注ぐ。

サロメ
Salomé

ドライ・ヴェルモット　1/3
ドライ・ジン　1/3
デュボネ　1/3

よくシェークし、カクテル・グラスに注ぐ。

サンクチュアリ *
Sanctuary

コアントロー　1/4
アメール・ピコン　1/4
デュボネ　1/2

よくシェークし、カクテル・グラスに注ぐ。

---

* ザ・クリンク、デッドマンズ・プレイス、フルウッズ・レンツ、造幣局(ザ・ミント)、マイター・コート、ボールドウィンズ・ガーデンズ、ステップニーと並び、サヴォイがロンドンで"聖域(サンクチュアリ)"の特権を最後まで残した場所であったことが、名前の由来。この特権は1697年の「脱獄法」によって廃止されている。だが現在もなお、サヴォイ内にあるアメリカン・カクテル・バーは女人禁制である。（注：1930年当時の話。）

COCKTAILS

シャルトリューズ（グリーン）
　ティースプーン1
スイート・ヴェルモット　1/2
ドライ・ジン　1/2
よくシェークし、カクテル・グラスに注ぐ。

サンドマーティン
Sand-martin

注：サンドマーティンはショウドウ
　　ツバメ（鳥）。

グレナデン・シロップ　2ダッシュ
レモン・ジュース　2ダッシュ
バカルディ・ラム　グラス1
よくシェークし、カクテル・グラスに注ぐ。

サンティアゴ
Santiago

マラスキーノ　2ダッシュ
アンゴスチュラ・ビターズ　2ダッシュ
パイナップル・スライス　1/4切れ
ブランデー　グラス1
よくシェークしてカクテル・グラスに注ぎ、少量のソーダ水を加える。

サラトガ
Saratoga

アプリコット・ブランデー　1ダッシュ
アブサン　1ダッシュ
カルヴァドス　1/2
ブランデー　1/2
よくステアし、オレンジ・ピールを絞る。

ソーシー・スー
Saucy Sue

注：ソーシー・スーは
　　"小意気なスー
　　（スーザン）" とで
　　もいう意味。

COCKTAILS

サタンズ・ウィスカーズ
(直毛版)
Satan's Whiskers (Straight)

スイート・ヴェルモット、ドライ・ヴェルモット、ジン、オレンジ・ジュース各2に対し、グラン・マルニエを1の割合とし、1ダッシュのオレンジ・ビターズを加える。

よくシェークし、カクテル・グラスに注ぐ。

注：サタンズ・ウィスカーズは"悪魔の頬ひげ"という意味。

サタンズ・ウィスカーズ
(巻き毛版)
Satan's Whiskers (Curled)

上記のカクテルで、グラン・マルニエの代わりに同量のオレンジ・キュラソーを加える。

よくシェークし、カクテル・グラスに注ぐ。

サヴォイ・ホテル
Savoy Hotel

クレーム・ド・カカオ　1/3
ベネディクティン　1/3
ブランデー　1/3

リキュール・グラスを使い、材料が混ざらないよう慎重に注ぐ。

サヴォイ・ホテル・スペシャル *
(No.1)
Savoy Hotel Special (No.1)

アブサン　1ダッシュ
グレナデン・シロップ　2ダッシュ
ドライ・ヴェルモット　1/3
ドライ・ジン　2/3

よくシェークし、カクテル・グラスに注ぐ。レモン・ピールを絞る。

* 9代目サヴォイ伯爵のピーターは、自分が後見人となって、フランスで最も裕福な家の最も美しい娘83人をイングランドに連れ帰り、イングランドで最も有力な貴族たちと結婚させた。彼が甲冑を身につけているのは、このためである。

COCKTAILS

デュボネ　2ダッシュ
ドライ・ヴェルモット　1/3
プリマス・ジン　2/3

よくシェークし、カクテル・グラスに注ぐ。オレンジ・ピールを絞る。

サヴォイ・ホテル・スペシャル（No.2）
Savoy Hotel Special (No.2)

スロー・ジン　1/2
アップルジャック
　　またはカルヴァドス　1/2

よくシェークし、カクテル・グラスに注ぐ。

サヴォイ・タンゴ
Savoy Tango

このカクテルはロンドンのサヴォイ・ホテルで創案され、同ホテルで非常に人気が高い。

角砂糖　1個
アンゴスチュラ・ビターズ
　　またはペイショー・ビターズ　1ダッシュ
ライ・ウイスキー
　　またはカナディアン・クラブ・ウイスキー　グラス1

よくステアし、冷やしておいた別のグラスに注ぐ。アブサン　1ダッシュを加え、レモン・ピールを絞る。

サゼラック
Sazerac

オレンジ・ビターズ　1ダッシュ
カナディアン・クラブ・ウイスキー　1/3
ドライ・ヴェルモット　1/3
レモン・ジュース　1/6
グレナデン・シロップ　1/6

よくシェークし、カクテル・グラスに注ぐ。

スカフ・ロー
Scoff-Law

注：スカフ・ローは常習的な禁酒法違反者の意味。

COCKTAILS

セルフ・スターター
Self-Starter

アプリコット・ブランデー　1/8
キナ・リレ　3/8
ドライ・ジン　1/2
アブサン　2ダッシュ

よくシェークし、カクテル・グラスに注ぐ。

センセーション
Sensation

マラスキーノ　3ダッシュ
フレッシュ・ミントの小枝　3本
レモン・ジュース　1/4
ドライ・ジン　3/4

よくシェークし、カクテル・グラスに注ぐ。

セプテンバー・モーン
September Morn

レモン果汁　1/2個分
　　またはライム果汁　1個分
グレナデン・シロップ
　　テーブルスプーン1
卵白　1個分
バカルディ・ラム　グラス1

よくシェークし、ミディアム・サイズ・グラスに注ぐ。

アンゴスチュラ・ビターズ　1ダッシュ
マラスキーノ　2ダッシュ
カペリティフ　グラス1/2
ドライ・ジン　グラス1/2

よくステアし、カクテル・グラスに注ぐ。オレンジ・ピールを絞る。チェリーを添える。

注：モーンはモーニングの略。

セブンス・ヘブン (No.1)
Seventh Heaven (No.1)

注： セブンス・ヘブンはユダヤ人が神と天使のいる場所と考えた天界の中の最上天（つまり第七天）。

グレープフルーツ・ジュース
　　テーブルスプーン1
マラスキーノ　1/4
ドライ・ジン　3/4

よくステアし、グリーン・ミントの小枝を乗せる。

セブンス・ヘブン (No.2)
Seventh Heaven (No.2)

スイート・ヴェルモット　1/2
バカルディ・ラム　1/2
オレンジ・ピール　1切れ

よくシェークし、カクテル・グラスに注ぐ。

セビリャ (No.1)
Sevilla (no.1)

パウダー・シュガー
　　ティースプーン1
卵　1個
ポート・ワイン　1/2
バカルディ・ラム　1/2

よくシェークし、カクテル・グラスに注ぐ。

セビリャ (No.2)
Sevilla (no.2)

COCKTAILS

"S・G"
"S.G."

グレナデン・シロップ
　　ティースプーン1
カナディアン・クラブ・ウイスキー　1/3
レモン・ジュース　1/3
オレンジ・ジュース　1/3

よくシェークし、カクテル・グラスに注ぐ。

このカクテルはスコッツ・ガーズ（イギリス近衛歩兵第三連隊）の士官クラブで非常に人気が高いことから、名付けられた。

シャムロック
Shamrock

クレーム・ド・マント（グリーン）
　　3ダッシュ
シャルトリューズ（グリーン）　3ダッシュ
ドライ・ヴェルモット　1/2
アイリッシュ・ウイスキー　1/2

よくシェークし、カクテル・グラスに注ぐ。

注：シャムロックはアイルランドの国章に使われるマメ科の植物。スタウトとウイスキーの混合飲料もシャムロックと呼ばれる

シャンハイ
Shanghai

グレナデン・シロップ　2ダッシュ
レモン・ジュース　3/8
アニゼット　1/8
ジャマイカ・ラム　1/2

よくシェークし、カクテル・グラスに注ぐ。

シャーキー・パンチ
Sharky Punch

シロップ　ティースプーン1
カナディアン・クラブ・ウイスキー　1/4
カルヴァドス
　　またはアップル・ブランデー　3/4

よくシェークしてミディアム・サイズ・グラスに注ぎ、ソーダ水で満たす。

シェリー・カクテル
Sherry Cocktail

オレンジ・ビターズ　4ダッシュ
ドライ・ヴェルモット　4ダッシュ
シェリー　グラス1

よくステアし、カクテル・グラスに注ぐ。

COCKTAILS

大型のポート・ワイン・グラスに卵1個を入れ、黄身をくずさないよう、グラスをシェリーで満たす。

シェリー・アンド・エッグ
Sherry and Egg

ブランデー　グラス1
ドライ・ヴェルモット　グラス1
シェリー　グラス3
コアントロー　グラス2/3
レモン・ジュース　グラス1/3
シナモンの小片　1片
よくシェークし、カクテル・グラスに注ぐ。

シェリー・ツイスト
(No.1)
(6人分)
Sherry Twist (No.1)

1個分のオレンジ果汁、ウイスキー　グラス2、シェリー　グラス2 1/2、コアントロー　グラス1/2を用意する。クローブ2つを加えてレモン果汁1/4個分を絞り入れ、ペッパー・ミル半回転分のコショウを加える。シェーカーを細かく砕いた氷で満たす。
シェークしてサーブする。

シェリー・ツイスト
(No.2)
(6人分)
Sherry Twist (No.2)

シェリー　グラス4
ウイスキー　グラス1
ラム　グラス1
プルーン・シロップ　グラス1
オレンジ・ビターズ　1ダッシュ
好みで少量の砂糖を加える。
よくシェークし、カクテル・グラスに注ぐ。

シップ
(6人分)
Ship

レモン・ジュース　1/4
コアントロー　1/4
ブランデー　1/2
よくシェークし、カクテル・グラスに注ぐ。

サイドカー
Sidecar

COCKTAILS

シルヴァー
Silver

マラスキーノ　2ダッシュ
オレンジ・ビターズ　2ダッシュ
ドライ・ヴェルモット　1/2
ドライ・ジン　1/2

よくシェークし、カクテル・グラスに注ぐ。

シルヴァー・ブレット
Silver Bullet

ジン　1/2
レモン・ジュース　1/4
キュンメル　1/4

よくシェークし、カクテル・グラスに注ぐ。

注：シルヴァー・ブレットには、銀の弾丸から転じて魔法の解決策、問題解決の特効薬といった意味もある。

シルヴァー・キング
Silver King

レモン果汁　1/4個分
砂糖　ティースプーン1
オレンジ・ビターズ　2ダッシュ
卵白　1個分
プリマス・ジン　グラス1

よくシェークし、カクテル・グラスに注ぐ。

注：シルヴァー・キングは大型の食用鳩。

シルヴァー・スタリオン
Silver Stallion

ヴァニラ・アイスクリーム　1/2
ジン　1/2

シルヴァー・フィズ（フィズの項p.200参照）で満たす。

シルヴァー・ストリーク
Silver Streak

キュンメル　1/2
ドライ・ジン　1/2

よくシェークし、カクテル・グラスに注ぐ。

注：シルヴァー・ストリークはイギリス海峡

サー・ウォルター
（通称「スウォルター」）
Sir Walter ("Swalter")

グレナデン・シロップ
　　ティースプーン1
キュラソー　ティースプーン1
レモン・ジュース　ティースプーン1
ブランデー　1/3
ラム　1/3

よくシェークし、カクテル・グラスに注ぐ。

COCKTAILS

ブランデー　グラス1
オレンジ・ピール　1切れ
フレッシュ・ミントの葉　4枚

ロング・タンブラーをジンジャー・エールで満たす。

スリーピイ・ヘッド
Sleepy Head

注：スリーピイ・ヘッドは文字通り眠たがり屋、寝坊。

ドライ・ヴェルモット　1/4
スイート・ヴェルモット　1/4
スロー・ジン　1/2

よくステアし、カクテル・グラスに注ぐ。

スロー・ジン・カクテル
Sloe Gin Cocktail

アンゴスチュラ・ビターズ　1ダッシュ
オレンジ・ビターズ　1ダッシュ
スロー・ジン　グラス1

よくシェークし、カクテル・グラスに注ぐ。

スローベリー
Sloeberry

アンゴスチュラ・ビターズ　1ダッシュ
オレンジ・ジュース　1ダッシュ
スイート・ヴェルモット　1/4
ドライ・ヴェルモット　1/4
ドライ・ジン　1/2

よくシェークし、カクテル・グラスに注ぐ。

スマイラー
Smiler

COCKTAILS

スニッカー
Snicker

卵白　1個分
マラスキーノ　2ダッシュ
シロップ　ティースプーン1
オレンジ・ビターズ　1ダッシュ
ドライ・ヴェルモット　1/3
ドライ・ジン　2/3

よくシェークし、ミディアム・サイズ・グラスに注ぐ。

スノウボール
Snowball

クレーム・ド・ヴィオレット　1/6
クレーム・ド・マント（ホワイト）　1/6
アニゼット　1/6
生クリーム（加糖）　1/6
ドライ・ジン　1/3

よくシェークし、カクテル・グラスに注ぐ。

これは女性の作品である。

スナイダー
Snyder

ドライ・ヴェルモット　1/3
ドライ・ジン　2/3
キュラソー　3ダッシュ

よくシェークし、カクテル・グラスに注ぐ。
オレンジ・ピールを絞る。

ソーダ・カクテル
Soda Cocktail

角砂糖　1個
アンゴスチュラ・ビターズ　4ダッシュ
氷塊　1個

ロング・タンブラーを使い、レモン・ソーダまたはレモネード1瓶で満たす。

サム・モス
Some Moth

アブサン　1ダッシュ
ドライ・ヴェルモット　1/3
プリマス・ジン　2/3

よくシェークし、カクテル・グラスに注ぐ。
パール・オニオン1個を添える。

COCKTAILS

レモン・ジュース　1ダッシュ
アプリコット・ブランデー　2ダッシュ
アップルジャック
　　またはカルヴァドス　1/2
バカルディ・ラム　1/2
よくシェークし、カクテル・グラスに注ぐ。

ソノーラ
Sonora

ジン　1/2
チェリー・ブランデー　1/2
レモン・ジュース
　　またはライム・ジュース　4ダッシュ
グレナデン・シロップ　4ダッシュ
よくシェークし、カクテル・グラスに注ぐ。

ソンザズ・ウィルソン
Sonza's Wilson

グレナデン・シロップ　1/6
カルヴァドス　1/6
スイート・ヴェルモット　1/3
ドライ・ジン　1/3
よくシェークし、カクテル・グラスに注ぐ。

ソー・ソー
So-so

注：ソー・ソーは"まあまあ"。

オレンジ・ジュース　1/6
デュボネ　1/6
ドライ・ヴェルモット　1/3
スイート・ヴェルモット　1/3
よくシェークし、カクテル・グラスに注ぐ。

ソウル・キス (No.1)
Soul Kiss (No.1)

オレンジ・ジュース　1/6
デュボネ　1/6
ドライ・ヴェルモット　1/3
カナディアン・クラブ・ウイスキー　1/3
オレンジ・スライス　1切れ
よくシェークし、カクテル・グラスに注ぐ。

ソウル・キス (No.2)
Soul Kiss (No.2)

サザン・ジン
Southern Gin

キュラソー　2ダッシュ
オレンジ・ビターズ　2ダッシュ
ドライ・ジン　グラス1

よくシェークし、カクテル・グラスに注ぐ。

サウス・サイド
South Side

レモン果汁　1/2個分
パウダー・シュガー
　　テーブルスプーン1/2
フレッシュ・ミントの小枝　2本
ドライ・ジン　グラス1

よくシェークし、ミディアム・サイズ・グラスに注ぐ。ソーダ水を加える。

スワイエ・オ・シャンパーニュ
Soyer-au-Champagne

アイスクリーム　リキュール・グラス1
マラスキーノ　2ダッシュ
キュラソー　2ダッシュ
ブランデー　2ダッシュ

材料をすべてミディアム・サイズ・グラスに入れてよくステアし、シャンパンで満たす。パイナップルまたはオレンジのスライス、チェリーまたはイチゴを添える。

注：スワイエは冷やしたシャンパン酒。

スパニッシュ・タウン
（6人分）
Spanish Town

ラム　グラス5
キュラソー　デザートスプーン1

シェーカーに入れて多めの氷を加え、十分にシェークする。各グラスにおろした少量のナツメグをふりかけてサーブする。

COCKTAILS

アブサン 1ダッシュ
アップルジャック
　（アメリカでは「ジャージー・ライトニ
　　ング」として知られている）　1/2
ブランデー　1/2
よく冷やしてサーブする。

スペシャル・ラフ
Special Rough

アンゴスチュラ・ビターズ　1ダッシュ
オレンジ・ジュース　1ダッシュ
アプリコット・ブランデー　1/3
ドライ・ジン　2/3
よくシェークし、カクテル・グラスに注ぐ。シェリーを添え、オレンジ・ピールを絞る。

スペンサー
Spencer

甘味が強いが、非常にすばやく効く。朝の1杯に適したカクテル。

ドライ・ヴェルモット　1/2
カペリティフ　1/2
よくステアし、カクテル・グラスに注ぐ。

スピオン・カプ
Spion Kop

ジン　グラス3
キナ入りワイン　グラス1
ベネディクティン　グラス1
1ダッシュのビターズを加えた後にシェークし、オリーブを添えてサーブする。

スプリング
（6人分）
Spring

レモン・ジュース　1/4
シャルトリューズ（グリーン）　1/4
プリマス・ジン　1/2
よくシェークし、カクテル・グラスに注ぐ。

スプリング・フィーリング
Spring Feeling

COCKTAILS

スタンリー
Stanley

レモン・ジュース　1/6
グレナデン・シロップ　1/6
ジン　1/3
ラム　1/3

よくシェークし、カクテル・グラスに注ぐ。

スター（No.1）
Star (No.1)

グレープフルーツ・ジュース
　　ティースプーン1
スイート・ヴェルモット　1ダッシュ
ドライ・ヴェルモット　1ダッシュ
カルヴァドス
　　またはアップル・ブランデー　1/2
ドライ・ジン　　　　1/2

よくシェークし、カクテル・グラスに注ぐ。

スター（No.2）
Star (No.2)

スイート・ヴェルモット　1/2
アップルジャック
　　またはカルヴァドス　1/2

よくシェークし、カクテル・グラスに注ぐ。

スターズ・アンド・ストライプス
Stars and Stripes

注：スターズ・アンド・ストライプスは、ご存じアメリカの星条旗。

クレーム・ド・カシス　1/3
マラスキーノ　1/3
シャルトリューズ（グリーン）　1/3

リキュール・グラスを使い、材料が混ざらないよう慎重に注ぐ。

スティンガー
Stinger

注：スティンガーは、アメリカでは辛口のカクテル、イギリス口語ではハイボール。

クレーム・ド・マント（ホワイト）　1/4
ブランデー　3/4

よくシェークし、カクテル・グラスに注ぐ。

スタマック・リヴァイヴァー
Stomach Reviver

注：スタマック・リヴァイヴァーは、"胃袋を刺激させる飲み物"。

アンゴスチュラ・ビターズ　5ダッシュ
フェルネット・ブランカ　1/6
ブランデー　2/3
キュンメル　2/3

よくシェークし、カクテル・グラスに注ぐ。

COCKTAILS

氷塊　1個
アンゴスチュラ・ビターズ　2ダッシュ
スコッチ・ウイスキー　グラス1

ロング・タンブラーを使い、ソーダ水で満たす。

ストーン・フェンス
Stone Fence

注：ストーン・フェンスは、俗語ではリンゴ酒とウイスキーを混ぜた飲み物。

ドライ・ジン　1/3
ドライ・シェリー　2/3

よくシェークし、カクテル・グラスに注ぐ。

ストレート・ロー
Straight Law

1ポンドのイチゴを漉し器で漉して、果汁をシェーカーに入れる。オレンジ果汁1個分とウイスキー 1ダッシュを加える。氷を数個加える。

よくシェークしてサーブする。

ストロベリー・カクテル
（6人分）
Strawberry Cocktail

レモン・ジュース
　　またはライム・ジュース　1/4
スウェディッシュ・パンチ　1/4
ジン　1/2

よくシェークし、カクテル・グラスに注ぐ。

1926年5月12日、ハリー・クラドックがゼネストの終結を記念して考案した。

ストライクズ・オフ
Strike's Off

卵白　1個分
アニゼット　4ダッシュ
アブサン　リキュール・グラス1
アニゼットの代わりにシロップ
　　または砂糖を使ってもよい。

よくシェークし、ミディアム・サイズ・グラスに注ぐ。

スイス
Suisse

COCKTAILS

サマー・タイム
Summer Time

ジン　3/4
シロ・ド・シトロン　1/4

よくシェークし、ミディアム・サイズ・グラスに注ぐ。ソーダ水で満たす。

サンライズ
Sunrise

グレナデン・シロップ　1/4
クレーム・ド・ヴィオレット　1/4
シャルトリューズ（イエロー）　1/4
コアントロー　1/4

リキュール・グラスを使い、材料が混ざらないよう慎重に注ぐ。

サンセット
（6人分）
Sunset

ラージ・グラスに薄く切ったオレンジ1個分（オレンジが手に入らない場合はタンジェリン1個分）の果皮を入れる。ピーチ・ジャム ティースプーン1、大型のアプリコット1個とその仁をつぶしたものを加える。これにブランデー グラス1とキルシュ 小さじ1を注ぎ、2時間浸しておく。中身をシェーカーに移し、白ワイン グラス1/2、ジン グラス1 1/2、ドライ・ヴェルモット グラス1を加える。氷を多めに加える。

シェークしてサーブする。

サンセット（日没）の次に知るのがサンライズ（日の出）である。

COCKTAILS

アンゴスチュラ・ビターズ　1ダッシュ
スイート・ヴェルモット　1/3
ドライ・ジン　2/3
氷塊　1個

よくステアし、ミディアム・サイズ・グラスに注ぐ。オレンジ・ピールを絞る。

サンシャイン
(No.1)
Sunshine (No.1)

レモン果汁　1/4個分
クレーム・ド・カシス　2ダッシュ
ドライ・ヴェルモット　1/2
バカルディ・ラム　1/2

よくシェークし、カクテル・グラスに注ぐ。

サンシャイン
(No.2)
Sunshine (No.2)

ジン　6
キュラソー　3
ブランデー　2
オレンジ・ビターズ　1ダッシュ

ミスター・エリック・サットンズ・ジン・ブラインド *
Mr. Eric Sutton's Gin Blind

* かの有名なサットン氏によって考案されたカクテル。チェルシー・ペーパーより。かなりきつい飲み物だ。

ピーチ・ブランデー　1ダッシュ
カナディアン・クラブ・ウイスキー　1/3
カペリティフ　2/3

よくステアし、カクテル・グラスに注ぐ。

スワジ・フリーズ
Swazi Freeze

COCKTAILS

スイート・パトゥーティ
Sweet Patootie

注：パトゥーティは"かわいこちゃん"。

オレンジ・ジュース　1/4
コアントロー　1/4
ドライ・ジン　1/2

よくシェークし、カクテル・グラスに注ぐ。

スウィズルズ
Swizzles

注：スウィズルには"マドラーでかき混ぜる、酒をがぶ飲みする"の意味もある。

ライム果汁　1個分
アンゴスチュラ・ビターズ　1ダッシュ
ジン　グラス1
砂糖　ティースプーン1

泡立つまでマドラーでよくステアする。

タングルフット
Tanglefoot

注：タングルフットは"もつれる足"つまり千鳥足のことで、安ウイスキーなど"強い酒"の意味もある。

オレンジ・ジュース　1/6
レモン・ジュース　1/6
バカルディ・ラム　1/3
スウェディッシュ・パンチ　1/3

よくシェークし、カクテル・グラスに注ぐ。

タンゴ
Tango

キュラソー　2ダッシュ
オレンジ果汁　1/4個分
ドライ・ヴェルモット　1/4
スイート・ヴェルモット　1/4
ドライ・ジン　1/2

よくシェークし、カクテル・グラスに注ぐ。

タンタロス
Tantalus

注：タンタロスはギリシャ神話の神だが、酒瓶台の意味もある。

レモン・ジュース　1/3
ブランデー　1/3
フォービドゥン・フルーツ・リカー　1/3

よくシェークし、カクテル・グラスに注ぐ。

COCKTAILS

オレンジ・ピール　1片
レモン・ピール　1片
デュボネ　2ダッシュ
アブサン　2ダッシュ
キュラソー　2ダッシュ
カナディアン・クラブ・ウイスキー
　　グラス1

よくシェークし、カクテル・グラスに注ぐ。

テンプテイション
Temptation

注：テンプテーションは"誘惑"。

ポート・ワイン　1/2
アプリコット・ブランデー　1/2

よくシェークし、カクテル・グラスに注ぐ。

テンプター
Tempter

注：テンプターは"誘惑者"、悪魔。

バローズ・プリマス・ジン　2/3
ドライ・ヴェルモット　1/3
アブサン　4ダッシュ

よくシェークし、オールドファッションド・ウイスキー・グラスに注ぐ。

サード・ディグリー
Third Degree

注：サード・ディグリーは過酷な取り調べ、拷問。

ミント・リキュール（ホワイト）
　　1ダッシュ
キュラソー　1ダッシュ
ドライ・ヴェルモット　グラス1

よくシェークし、カクテル・グラスに注ぐ。

サード・レイル
(No.1)
Third Rail (No.1)

アブサン　1ダッシュ
バカルディ・ラム　1/3
カルヴァドス
　　またはアップル・ブランデー　1/3
ブランデー　1/3

よくシェークし、カクテル・グラスに注ぐ。

サード・レイル
(No.2)
Third Rail (No.2)

とにかくすごい。11,000ボルトのサード・レイル注より効く。

注：鉄道の給電用第三軌条。強い酒という意味もある。

シスル
Thistle

注：シスルはアザミで、スコットランドの国花。

アンゴスチュラ・ビターズ　2ダッシュ
スイート・ヴェルモット　1/2
スコッチ・ウイスキー　1/2

よくシェークし、カクテル・グラスに注ぐ。

スリー・ミラー
Three Miller

グレナデン・シロップ
　　ティースプーン1
レモン・ジュース　1ダッシュ
ブランデー　2/3
バカルディ・ラム　1/3

よくシェークし、カクテル・グラスに注ぐ。

スリー・ストライプス
Three Stripes

オレンジ・スライス　3枚
ドライ・ヴェルモット　1/3
ドライ・ジン　2/3

よくシェークし、カクテル・グラスに注ぐ。

サンダー
Thunder

ガムシロップ　ティースプーン1
卵黄　1個分
ブランデー　グラス1
カイエン・ペッパー　1ふり

よくシェークし、カクテル・グラスに注ぐ。

サンダー・アンド・ライトニング
Thunder and Lightning

注：サンダー・アンド・ライトニングは、"目の覚めるような色の"という意味。

卵黄　1個分
パウダー・シュガー　ティースプーン1
ブランデー　グラス1

よくシェークし、ミディアム・サイズ・グラスに注ぐ。カイエン・ペッパーをふりかける。

グラス2のブランデー、グラス2のジン、グラス2のウイスキーをよくシェークし、サーヴする！*

   * 6人にサーヴすること。そして、全速力で走って逃げる。

     注：サンダークラップとは、バリバリっという雷鳴の大音響のこと。

サンダークラップ
(6人分)
Thunder-clap

ポート・ワイン　1/3
アップルジャック
　　またはカルヴァドス　2/3
よくシェークし、カクテル・グラスに注ぐ。

ティントン
Tinton

スイート・ヴェルモット　1/3
シャルトリューズ（グリーン）　1/3
アイリッシュ・ウイスキー　1/3
よくシェークし、カクテル・グラスに注ぐ。

ティペレアリ
(No.1)
Tipperary (No.1)

注：ティペレアリはアイルランド中南部の県。第一次世界大戦にここから出征した兵士が歌った行軍歌のこともいう。

オレンジ・ジュース　1/6
グレナデン・シロップ　1/6
ドライ・ヴェルモット　1/3
ドライ・ジン　1/3
ミントの小枝　2本
よくシェークし、カクテル・グラスに注ぐ。

ティペレアリ
(No.2)
Tipperary (No.2)

カナディアン・クラブ・ウイスキー　1/2
アブサン　1/2
よくシェークし、カクテル・グラスに注ぐ。

T・N・T
T.N.T.

注：TNTはご存じ高性能爆薬。

角砂糖1個を水で溶かす。好みの蒸留酒グラス1と角氷1個をミディアム・サイズ・グラスに入れてよくステアする。

トディーズ
Toddy's

注：トディは一般的に、ウィスキーやブランデーのお湯割りに砂糖とレモンを加えた飲み物として広く知られる。(p.186参照)。

COCKTAILS

トム・アンド・ジェリー *
Tom and Jerry

卵　1個
ジャマイカ・ラム　グラス1/2
パウダー・シュガー
　　　テーブルスプーン1
ブランデー　グラス1/2

卵を卵黄と卵白に分けてほぐし、一緒にまとめてさらにかきまぜる。

脚つきのグラスか磁器製のマグに卵を入れ、ラムとブランデーを加え、熱湯で満たす。ナツメグをおろしてかける。

* このカクテルは、今から70年以上前、ニューヨークの酒場がこの世でもっとも健全だったころ、ジェリー・トマス教授が──諸君、ご起立を──考案した。トム・アンド・ジェリーとブルー・ブレイザー（p.31参照）は、寒い日のための飲み物として、当時もっとも偉大なものだった。

> 注："トム・アンド・ジェリー" というと現代ではネコとネズミのアニメが知られるが、もとは英国の著述家ピアス・イーガン（1772-1849）によるロンドン行状記 "Life in London" に登場する2人の粋人のこと。

トーピードウ
Torpedo

ジン　1ダッシュ
ブランデー　1/3
カルヴァドス　2/3

よくシェークし、カクテル・グラスに注ぐ。

> 注：トーピードウは魚雷の意味。

トランスヴァール
Transvaal

オレンジ・ビターズ　3ダッシュ
ジン　1/2　　カペリティフ　1/2

よくステアし、カクテル・グラスに注ぐ。

トリルビー
（No.1）
Trilby (No.1)

オレンジ・ビターズ　2ダッシュ
スイート・ヴェルモット　1/2
ドライ・ジン　1/2

よくシェークし、カクテル・グラスに注ぐ。

COCKTAILS

アブサン　2ダッシュ
オレンジ・ビターズ　2ダッシュ
パルフェ・アムール・リカー　1/3
スコッチ・ウイスキー　1/3
スイート・ヴェルモット　1/3
よくシェークし、カクテル・グラスに注ぐ。

トリルビー
(No.2)
Trilby (No.2)

ドライ・ヴェルモット　1/3
スイート・ヴェルモット　1/3
ドライ・ジン　1/3
よくシェークし、カクテル・グラスに注ぐ。

トリニティ
Trinity

オレンジ・ビターズ　1ダッシュ
グレナデン・シロップ　1ダッシュ
　ドライ・ヴェルモット　1/2
　スイート・ヴェルモット　1/2
よくステアし、カクテル・グラスに注ぐ。チェリーを添え、レモン・ピールを絞る。

トロカデロ
Trocadero

アンゴスチュラ・ビターズ
　　1ダッシュ
オレンジ・ビターズ　1ダッシュ
クレーム・ド・カカオ　1/3
マラスキーノ　1/3　　ドライ・ヴェルモット　1/3
よくシェークし、カクテル・グラスに注ぐ。

トロピカル
Tropical

チューリップ
Tulip

レモン・ジュース　1/6
アプリコット・ブランデー　1/6
スイート・ヴェルモット　1/3
カルヴァドス
　またはアップル・ブランデー　1/3
よくシェークし、カクテル・グラスに注ぐ。

COCKTAILS

ターフ
Turf

- オレンジ・ビターズ　2ダッシュ
- マラスキーノ　2ダッシュ
- アブサン　2ダッシュ
- ドライ・ヴェルモット　1/2
- プリマス・ジン　1/2

よくシェークし、カクテル・グラスに注ぐ。

タキシード (No.1)
Tuxedo (No.1)

- レモン・ピール　1片
- アブサン　2ダッシュ
- ドライ・ヴェルモット　1/2
- ドライ・ジン　1/2

よくシェークし、カクテル・グラスに注ぐ。

タキシード (No.2)
Tuxedo (No.2)

- マラスキーノ　1ダッシュ
- アブサン　1ダッシュ
- オレンジ・ビターズ　2ダッシュ
- ドライ・ジン　1/2
- ドライ・ヴェルモット　1/2

よくシェークし、カクテル・グラスに注ぐ。
チェリーを添え、レモン・ピールを絞る。

トウェルヴ・マイルズ・アウト
Twelve Miles Out

- バカルディ・ラム　1/3
- スウェディッシュ・パンチ　1/3
- カルヴァドス　1/3

よくシェークし、カクテル・グラスに注ぐ。
オレンジ・ピールを絞る。

ツイン・シックス
Twin Six

- グレナデン・シロップ　1ダッシュ
- オレンジ・ジュース　4ダッシュ
- 卵白　1個分
- スイート・ヴェルモット　1/4
- ドライ・ジン　3/4

よくシェークし、ミディアム・サイズ・グラスに注ぐ。

COCKTAILS

アブサン 1ダッシュ
コアントロー 1/3
ドライ・ジン 2/3
よくシェークし、カクテル・グラスに注ぐ。

ユランダ
Ulanda

グレナデン・シロップ 1/3
マラスキーノ 1/3
シャルトリューズ（グリーン） 1/3
材料が混じり合わないように、リキュール・グラスにそっと注ぐ。

ユニオン・ジャック
Union Jack

レモン果汁 1/4個分
デュボネ グラス1
ミディアム・サイズ・グラスに注ぎ、ソーダ水で満たす。

アップステアーズ
Upstairs

グラン・マルニエ 2ダッシュ
アンゴスチュラ・ビターズ 2ダッシュ
シェリー 1/2
カナディアン・クラブ・ウイスキー 1/2
よくシェークし、カクテル・グラスに注ぐ。

アップ・トゥ・デイト
Up-to-date

オレンジ・ビターズ 4ダッシュ
オレンジ・ジュース 1/3
アプリコット・ブランデー 2/3
よくシェークし、カクテル・グラスに注ぐ。

ヴァレンシア（No.1）
Valencia (No.1)

オレンジ・ビターズ 4ダッシュ
オレンジ・ジュース 1/3
アプリコット・ブランデー 2/3
よくシェークし、ミディアム・サイズ・グラスに注ぎ、シャンパンで満たす。

ヴァレンシア（No.2）
Valencia (No.2)

ヴァンダービルト
Vanderbilt

シロップ　3ダッシュ
アンゴスチュラ・ビターズ　2ダッシュ
チェリー・ブランデー　1/4
ブランデー　3/4

よくシェークし、カクテル・グラスに注ぐ。

ヴァン・ドゥーゼン
Van Dusen

注：ヴァン・ドゥーゼンといえば、ジャック・フットレル（1875-1912）の推理小説に登場する"思考機械"こと、オーガスタス・S・F・X・ヴァン・ドゥーゼン教授を思い出すが……。

グラン・マルニエ　2ダッシュ
ドライ・ヴェルモット　1/3
ドライ・ジン　2/3

よくシェークし、カクテル・グラスに注ぐ。

ヴェロシティ
Velocity

ドライ・ジン　1/3
スイート・ヴェルモット　2/3
オレンジ・スライス　1枚

よくシェークし、カクテル・グラスに注ぐ。

ヴェルモット・カクテル
Vermouth Cocktail

スイート・ヴェルモット
　　またはドライ・ヴェルモット
　　グラス1
オレンジ・ビターズ　4ダッシュ
　　またはアンゴスチュラ・ビターズ
　　1ダッシュ

よくステアし、カクテル・グラスに注ぐ。

ドライ・ヴェルモット　グラス1
クレーム・ド・カシス
　　リキュール・グラス1

ミディアム・サイズ・グラスに注ぎ、ソーダ水で満たす。

ヴェルモット・アンド・カシス
Vermouth and Cassis

ドライ・ヴェルモット　グラス1
キュラソー　リキュール・グラス1/2

ミディアム・サイズ・グラスに注ぎ、ソーダ水で満たす。

ヴェルモット・アンド・キュラソー
Vermouth and Çuracao

ブランデー　1/4
スイート・ヴェルモット　1/2
ドライ・ジン　1/4

よくシェークし、カクテル・グラスに注ぐ。

ヴィクター
Victor

グレナデン・シロップ　1/2
アブサン　1/2

よくシェークし、ミディアム・サイズ・グラスに注ぎ、ソーダ水で満たす。

ヴィクトリー
Victory

COCKTAILS

ヴィ・ロゼ
Vie Rose

レモン・ジュース　1/6
グレナデン・シロップ　1/6
ドライ・ジン　1/3　キルシュ　1/3
よくシェークし、カクテル・グラスに注ぐ。

ヴァージン
Virgin

フォービドゥン・フルーツ・リカー　1/3
クレーム・ド・マント（ホワイト）　1/3
ドライ・ジン　1/3
よくシェークし、カクテル・グラスに注ぐ。

ヴァージン・スペシャル
（6人分）
Virgin Special

レッド・カラント・ジュース　グラス1 と、グーズベリー・シロップ　グラス1/2 を用意する。別の容器でグラス1杯分のフレッシュ・ラズベリーをつぶし、ブランデー　グラス1、ジン　グラス2、カラント・ジュース、グーズベリー・シロップを順に注ぎ1時間半寝かせる。白ワイン　グラス1と氷を加えてシェークする。

グラスに注ぎ分け、ラズベリー1粒とレッド・カラントの小枝を添える。

心を爽やかにしてくれる、愛すべき夏のカクテル。

ヴォルステッド
Volstead

注：ヴォルステッドは禁酒法を成立させたアメリカの政治家。

ライム・ジュース　1/4
オレンジ・ジュース　3/4
ハーキュリーズ　1ダッシュ
よくシェークし、カクテル・グラスに注ぐ。

COCKTAILS

シャルトリューズ　ティースプーン1
スイート・ヴェルモット　1/3
ドライ・ジン　1/3
カルヴァドス
　　またはアップル・ブランデー　1/3
よくシェークし、カクテル・グラスに注ぐ。

ウォーデイズ
Warday's

グレナデン・シロップ
　　ティースプーン1
オレンジ・ジュース　1/4
レモン・ジュース　1/4
ライ・ウイスキー　1/2
よくシェークし、カクテル・グラスに注ぐ。

ウォード・エイト
Ward Eight

ドライ・ヴェルモット　1/4
ハーキュリーズ　1/4
ドライ・ジン　1/2
よくシェークし、カクテル・グラスに注ぐ。

ウォーデン
Warden

シャルトリューズ
　　リキュール・グラス1/2
ブランデー　1/2
カクテル・グラスを使用する。ビールでグラスの中に円を描く。砕いた氷で満たし、シャルトリューズ、ブランデーの順に、混ざらないように注意深く注ぐ。

ウォーズ
Ward's

レモン果汁　1/4個分
　　またはライム果汁　1/2個分
ドライ・ジン　1/4
スウェディッシュ・パンチ　1/2
よくシェークし、カクテル・グラスに注ぐ。

ウォルドーフ
Waldorf

COCKTAILS

ウェディング・ベル・カクテル

COCKTAILS

アンゴスチュラ・ビターズ　2ダッシュ
シロップ　2ダッシュ
ドライ・ヴェルモット　2/3
ブランデー　1/3
よくシェークし、カクテル・グラスに注ぐ。

ワシントン
Washington

グレナデン・シロップ　2ダッシュ
パウダー・シュガー　ティースプーン1/2
レモン果汁　1/4個分
　　またはライム果汁　1/2個分
卵白　1個分
ブランデー　グラス1
よくシェークし、カクテル・グラスに注ぐ。

* そのとおり！　ウォーターベリーといえば竜頭巻き腕時計(ステムワインダー)の代名詞だ注。

注：ステムワインダーには「一級のもの」という意味もある。ただしタイメックス社の前身であるウォーターベリー社のスペルはWaterberry。

ウォーターベリー *
Waterbury

オレンジ・ビターズ　3ダッシュ
プリマス・ジン　グラス1
よくシェークし、カクテル・グラスに注ぐ。

ワックス
Wax

ライム・ジュース　1/8
アプリコット・ブランデー　1/8
ドライ・ヴェルモット　1/4
プリマス・ジン　1/2
よくシェークし、カクテル・グラスに注ぐ。

ウェブスター
Webster

客船モーリタニア号のバーで人気のあったカクテル。

オレンジ・ジュース　1/6
チェリー・ブランデー　1/6
ドライ・ジン　1/3　　デュボネ　1/3
よくシェークし、カクテル・グラスに注ぐ。

ウェディング・ベル
Wedding Belle

注：この場合のベルは、"パーティなどで随一の美女"。

COCKTAILS

ウィーシュア・スペシャル
Weesuer Special

アブサン　4ダッシュ
ドライ・ヴェルモット　1/4
スイート・ヴェルモット　1/4
オレンジ・キュラソー　1/4
ドライ・ジン　1/4
よくシェークし、カクテル・グラスに注ぐ。

ウェルカム・ストレンジャー
Welcome Stranger

グレナデン・シロップ　1/6
レモン・ジュース　1/6
オレンジ・ジュース　1/6
ジン　1/6
セダーランド・スウェディッシュ・
　　パンチ　1/6
ブランデー　1/6
よくシェークし、カクテル・グラスに注ぐ。

ウェンブリー（No.1）
Wembley (No.1)

アプリコット・ブランデー　1ダッシュ
カルヴァドス　2ダッシュ
ドライ・ヴェルモット　1/3
ドライ・ジン　2/3
よくシェークし、カクテル・グラスに注ぐ。

ウェンブリー（No.2）
Wembley (No.2)

スコッチ・ウイスキー　1/3
ドライ・ヴェルモット　1/3
パイナップル・ジュース　1/3
よくシェークし、カクテル・グラスに注ぐ。

ウェストブルック（6人分）
Westbrook

ジン　グラス3 1/2
スイート・ヴェルモット　グラス1 1/2
ウイスキー　グラス1
グラニュー糖少々を加えてシェークする。

COCKTAILS

レモン・ジュース　1ダッシュ
ドライ・ヴェルモット　1/4
アプリコット・ブランデー　1/4
ドライ・ジン　1/2
よくシェークし、カクテル・グラスに注ぐ。

ウェスタン・ローズ
Western Rose

ミディアム・サイズ・タンブラーに砂糖
　ティースプーン1を入れておく。
アンゴスチュラ・ビターズ　4ダッシュ
レモン・ジュース　ティースプーン1
バローズ・ビーフィーター・ジン　グラス1
角氷　1個
グラスに材料を入れ、ステアしてサーヴする。

ウェスト・インディアン
West Indian

アブサン　1/3
アニゼット　1/3
ブランデー　1/3
よくシェークし、カクテル・グラスに注ぐ。

ウィッチ・ウェイ
Which Way

アブサン　1ダッシュ
キュラソー　3ダッシュ
ドライ・ヴェルモット　1/4
スイート・ヴェルモット　1/4
ブランデー　1/2
よくシェークし、カクテル・グラスに注ぐ。

ウィップ
Whip

アンゴスチュラ・ビターズ　1ダッシュ
シロップ　4ダッシュ
カナディアン・クラブ・ウイスキー
　グラス1
よくステアし、カクテル・グラスに注ぐ。チェリーを添える。

ウイスキー・カクテル
Whisky Cocktail

ウイスキー・スペシャル
（6人分）
Whisky Special

ウイスキー　グラス3
ドライ・ヴェルモット　グラス2
オレンジ・ジュース　グラス1/2

シェーカーに材料を注ぎ、ナツメグ少々を加えてシェークする。オリーヴを添えてサーヴする。非常に辛口のカクテルだ。

ウィスパー
（6人分）
Whisper

ウイスキー　グラス2
ドライ・ヴェルモット　グラス2
スイート・ヴェルモット　グラス2

シェーカーに砕いた氷を半分まで入れ、材料を注ぐ。よくシェークし、カクテル・グラスに注ぐ。

このカクテルはとても作り方が簡単で、西インド諸島（カリブ海を囲む諸島）でたいへん好まれている。

ホイスト
Whist

バカルディ・ラム　1/4
スイート・ヴェルモット　1/4
カルヴァドス　1/2

よくシェークし、カクテル・グラスに注ぐ。

昔から西インド諸島で知られている楽しい飲み物だ。現地の「夕暮れ時の一杯（サンダウナー）」とでもいうべきカクテル。

ホワイト・ベイビー
White Baby

ジン　1/2
コアントロー　1/4
シロ・ド・シトロン　1/4

よくシェークし、カクテル・グラスに注ぐ。

ジンのかわりにインクを、コアントローのかわりに黒い塗料を使って「ブラック・ベイビー」と称する人がいる。だが、これはおすすめできない。

COCKTAILS

ヴァニラ・アイス・クリーム　1/2
ジン　1/2

氷は使わない。よく混ざるまでシェークする。濃厚すぎたら水か白ワインを加える。

ホワイト・カーゴ
The White Cargo

オレンジ・ビターズ　2ダッシュ
アニゼット　ティースプーン2
ドライ・ジン　グラス1

よくステアし、カクテル・グラスに注ぐ。レモン・ピールを絞る。

ホワイト・カクテル
White Cocktail

レモン・ジュース　1/4
コアントロー　1/4
ドライ・ジン　1/2

よくシェークし、カクテル・グラスに注ぐ。

ホワイト・レディ
White Lady

COCKTAILS

ホワイト・リリー
White Lily

コアントロー　1/3
バカルディ・ラム　1/3
ジン　1/3
アブサン　1ダッシュ

よくシェークし、カクテル・グラスに注ぐ。

ホワイト・プラッシュ
White Plush

ドライ・ジン　グラス1
マラスキーノ　リキュール・グラス1
牛乳　1/2パイント

よくシェークし、ロング・タンブラーに注ぐ。

ホワイト・ローズ
White Rose

オレンジ果汁　1/4個分
レモン果汁　1/4個分
　　またはライム果汁　1/2個分
卵白　1個分
マラスキーノ　1/4
ドライ・ジン　3/4

よくシェークし、ミディアム・サイズ・グラスに注ぐ。

ホワイト・ウイングズ
White Wings

クレーム・ド・マント（ホワイト）　1/3
ドライ・ジン　2/3

よくシェークし、カクテル・グラスに注ぐ。

ウィズ・ドゥードゥル
Whizz-doodle

スコッチ・ウイスキー　1/4
生クリーム（加糖）　1/4
クレーム・ド・カカオ　1/4
ドライ・ジン　1/4

よくシェークし、カクテル・グラスに注ぐ。

COCKTAILS

アブサン　2ダッシュ
グレナデン・シロップ　2ダッシュ
オレンジ・ビターズ　2ダッシュ
ドライ・ヴェルモット　1/3
スコッチ・ウイスキー　2/3
よくシェークし、カクテル・グラスに注ぐ。

ウィズ・バン
Whizz-bang

卵　1個
ベネディクティン　リキュール・グラス1
よくシェークし、ミディアム・サイズ・グラスに注ぐ。生クリームで満たす。

ウィドウズ・ドリーム
Widow's Dream

アンゴスチュラ・ビターズ　1ダッシュ
シャルトリューズ　リキュール・グラス1/2
ベネディクティン　リキュール・グラス1/2
カルヴァドス
　　またはアップル・ブランデー　リキュール・グラス1
よくシェークし、カクテル・グラスに注ぐ。

ウィドウズ・キス
Widow's Kiss

レモン・ジュース　1ダッシュ
マラスキーノ　1/3
ブランデー　2/3
よくシェークし、カクテル・グラスに注ぐ。

ウィリー・スミス
Willie Smith

オレンジ・ジュース　1/4
ドライ・ヴェルモット　1/4
プリマス・ジン　1/2
キュラソー　4ダッシュ
よくシェークし、カクテル・グラスに注ぐ。

ウィル・ロジャーズ
Will Rogers

注：ウィル・ロジャーズはアメリカの俳優・ユーモア作家（1879-1935）。

ブラックベリー・ブランデー　グラス1
よくシェークし、カクテル・グラスに注ぐ。ナツメグ少々をふりかける。

ウィンディ・コーナー
Windy Corner

ワウ
Wow

バカルディ・ラム　1/4
ハーキュリーズ　1/4
カルヴァドス
　　またはアップル・ブランデー　1/4
ブランデー　1/4

よくシェークし、カクテル・グラスに注ぐ。

ワイオミング・スウィング
Wyoming Swing

オレンジ果汁　1/4個分
パウダー・シュガー
　　ティースプーン1/2
ドライ・ヴェルモット　1/2
スイート・ヴェルモット　1/2

よくシェークし、ミディアム・サイズ・グラスに注ぎ、ソーダ水で満たす。

ザンシア
Xanthia

チェリー・ブランデー　1/3
シャルトリューズ（イエロー）　1/3
ドライ・ジン　1/3

よくシェークし、カクテル・グラスに注ぐ。

シェリズ
Xeres

注：シェリズ（Xeres）はヘレス（Jerez）の旧称。シェリー製造で知られる、スペイン南西部の都市。

オレンジ・ビターズ　1ダッシュ
ピーチ・ビターズ　1ダッシュ
シェリー　グラス1

よくステアし、カクテル・グラスに注ぐ。

X・Y・Z
X.Y.Z.

レモン・ジュース　1/4
コアントロー　1/4
バカルディ・ラム　1/2

よくシェークし、カクテル・グラスに注ぐ。

COCKTAILS

オレンジ・ビターズ　3ダッシュ
アンゴスチュラ・ビターズ　1ダッシュ
ドライ・ジン　グラス1

よくシェークし、カクテル・グラスに注ぐ。
少量のソーダ水を加え、レモン・ピールを
絞りかける。

イェール
Yale

ジン　グラス2
ドライ・ヴェルモット　グラス2
グラン・マルニエ　グラス1

アブサン 1ダッシュを加えてシェークする。

イエロー・デイジー *
（6人分）
Yellow Daisy

* 作り話でなければ、このカクテルは、最近亡くなったリチャード・ウィリアム・"デッドウッド・ディック"・クラーク（84歳）が好んだことで有名になった。彼はE・L・ホイーラーの小説『デッドウッド・ディック』シリーズ（64作）の主人公のモデルで、もとカスター将軍の部隊の偵察兵。ポニー速達便[注1]の乗り手や、デッドウッド渓谷の駅馬車の護衛としても活躍した。ワイルド・ビル・ヒコック[注2]やバッファロー・ビル[注3]、ポーカー・アリス・タブズ、カラミティ・ジェーン[注4]、マダム・マスタッシュ、ネブラスカ州ノーフォークのダイアモンド・ディック・ターナーといった、アメリカ19世紀西部の荒くれたちの、友人。今はサウスダコタ州サンライズ・マウンテンのデッドウッド峡谷を見おろす場所に眠っている。

注1：1860年代に米中西部で営業した馬の乗り継ぎによる配達便。
注2：ピストルの名手だが射殺された保安官。
注3："ワイルド・ウェスト・ショウ"で欧米を巡業。
注4：射撃の名手。

アブサン　1/3
シャルトリューズ（イエロー）　1/3
アプリコット・ブランデー　1/3

よくシェークし、カクテル・グラスに注ぐ。

イエロー・パロット
Yellow Parrot

オレンジ・ジュース　1/4
ドライ・ヴェルモット　1/4
スイート・ヴェルモット　1/4
ドライ・ジン　1/4

よくシェークし、カクテル・グラスに注ぐ。
オニオン・ピクルスをつぶしたかけらを添える。

イエロー・ラトラー
Yellow Rattler

COCKTAILS

ヨーデル
Yodel

オレンジ・ジュース　1/2
フェルネット・ブランカ　1/2

ミディアム・サイズ・グラスに注ぎ、ソーダ水で満たす。

ヨコハマ
Yokohama

アブサン　1ダッシュ
グレナデン・シロップ　1/6
ウオツカ　1/6
オレンジ・ジュース　1/3
ドライ・ジン　1/3

よくシェークし、カクテル・グラスに注ぐ。

ヨランダ
Yolanda

グレナデン・シロップ　1ダッシュ
アブサン　1ダッシュ
ドライ・ジン　1/4
スイート・ヴェルモット　1/2
ブランデー　1/4

よくシェークし、カクテル・グラスに注ぐ。

ヨーク・スペシャル
York Special

オレンジ・ビターズ　4ダッシュ
マラスキーノ　1/4
ドライ・ヴェルモット　3/4

よくシェークし、カクテル・グラスに注ぐ。

ヤング・マン
Young Man

アンゴスチュラ・ビターズ　1ダッシュ
キュラソー　2ダッシュ
スイート・ヴェルモット　1/4
ブランデー　3/4

よくシェークし、カクテル・グラスに注ぐ。
オリーヴかチェリーを添える。

COCKTAILS

レモン果汁　1 1/2個分
ジン　グラス1
ドライ・ヴェルモット　グラス3
シュガー・シロップ
　　デザートスプーン1〜2
好みでオレンジ・ビターズ　スプーン1

よくシェークし、レモン・ピールを添えてサーヴする。

ザンジバル
(6人分)
Zanzibar

デュボネ　1/2
ドライ・ジン　1/2

よくシェークし、カクテル・グラスに注ぐ。

ザザ
Zaza

バカルディ・ラム　1/6
アニゼット　1/6
ガム・シロップ　1/6
カナディアン・クラブ・ウイスキー　1/3
アンゴスチュラ・ビターズ　1ダッシュ
オレンジ・ビターズ　1ダッシュ
アブサン　3ダッシュ

よくシェークし、カクテル・グラスに注ぐ。
レモン・ピールを絞る。

ザザラク
Zazarac

ハーキュリーズ　1/2
カルヴァドス
　　またはアップル・ブランデー　1/2

よくシェークし、カクテル・グラスに注ぐ。

ゼッド
Zed

カクテルは
以上で終わり。

瓶詰め用に作るカクテル

ジン・カクテル
Gin Cocktail

ジン 5ガロン
水 2ガロン
ガム・シロップ 1クォート
オレンジ・ピールのエキス 2オンス
竜胆のエキス 7オンス
カルダモンのエキス 1/2オンス
レモン・ピールのエキス 1/2オンス

材料を混ぜ、ソルフェリーノ（フクシン）染料とカラメルを同率で混ぜて好みの色をつける。

バーボン・カクテル
Bourbon Cocktail

バーボン・ライ・ウイスキー 5ガロン
水 2ガロン
ガム・シロップ 1クォート
オレンジ・ピールのエキス 2オンス
レモン・ピールのエキス 1オンス
竜胆のエキス 1オンス
カルダモンのエキス 1/2オンス

材料をよく混ぜ、ソルフェリーノ染料とカラメルを同率で混ぜて色をつける。

COCKTAILS

ブランデー・カクテル
Brandy Cocktail

ストロング・ブランデー　5ガロン
水　2ガロン
ビターズ　1クォート
ガム・シロップ　1クォート
キュラソー　1瓶

よく混ぜ、コットンフランネルの布で漉す。

ブランデー・カクテル（もうひとつのレシピ）
Brandy Cocktail

ブランデー　5ガロン
水　2ガロン
ガム・シロップ　1クォート
コニャックのエッセンス　1/4パイント
クローヴのエキス　1オンス
竜胆のエキス　1オンス
オレンジ・ピールのエキス　2オンス
カルダモンのエキス　1/4オンス
甘草の根のエキス　1/2オンス

エッセンスとエキス類をブランデーに混ぜ、残りの材料を加えて適量のソルフェリーノとカラメル（ソルフェリーノとカラメルは同率にする）で好みの色をつける。

COCKTAILS

ノン・アルコール・カクテル

クレイトンズ・プッシーフット
Clayton's Pussyfoot

注：プッシーフットには禁酒（家）の意味もある。

シロ・ド・シトロン　1/4
オレンジ・ジュース　1/4
コーラ・トニック　1/2

よくシェークし、カクテル・グラスに注ぐ。

クレイトンズ・テンペランス
Clayton's Temperance

注：テンペランスは禁酒の意味。

シロ・ド・シトロン　1/4
コーラ・トニック　3/4

よくシェークし、カクテル・グラスに注ぐ。

キープ・ソウバー
Keep Sober

注：「しらふでいる」という意味。

グレナデン・シロップ　1/8
シロ・ド・シトロン　1/8
トニック　3/4

ロング・グラスに注ぎ、ソーダ水で満たす。

パーソンズ・スペシャル
Parson's Special

注：パーソンは牧師。

グレナデン・シロップ　4ダッシュ
オレンジ・ジュース　グラス1
卵黄　1個分

よくシェークし、ミディアム・サイズ・グラスに注ぐ。

禁酒法の国に適したカクテル

次のカクテルは、禁酒法のもとでなんとかやっていかなければならない国に適しており、そんな国でも比較的たやすく入手できる材料で作ることができる。

ホワイト・グレープ・ジュース　1/4
グレナデン・シロップ
　　またはシロップ　4ダッシュ
スコッチ・ウイスキー　3/4
よくシェークし、カクテル・グラスに注ぐ。

カール・K・キッチン
Karl K. Kitchen

角砂糖1個をつぶして水で溶かす。
フレッシュ・ミントの葉4枚をつぶす。
レモン・ジュース　1ダッシュ
オレンジ・ジュース　4ダッシュ
ジン　グラス1
よくシェークし、カクテル・グラスに注ぐ。

ミスター・マンハッタン
Mr. Manhattan

角砂糖1個をラズベリー・シロップかグレナデン・シロップに浸す。

ヴェルモット　1/3
密造ウイスキー　2/3

よくシェークし、カクテル・グラスに注ぐ。

オー・ハリー！
Oh Harry!

アブサン　1ダッシュ
アップルジャック　1/2
ブランデー　1/2
よくシェークし、カクテル・グラスに注ぐ。

スペシャル・(ラフ)・カクテル
Special (Rough) Cocktail

SOURS AND TODDIES

サワー

サワーは通常、以下のレシピで作られる。

レモン果汁　1/2個分
砂糖　テーブルスプーン1/2
ジン、ウイスキー、ブランデー、ラム、カルヴァドスなど、
　　好みの蒸留酒またはリキュール　グラス1

よくシェークし、ミディアム・サイズ・グラスに注ぐ。少量のソーダ水を加える。
オレンジ・スライスとチェリーを添える。

エッグ・サワー
Egg Sour

パウダー・シュガー　ティースプーン1
レモン・ジュース　3ダッシュ
キュラソー　リキュール・グラス1
ブランデー　リキュール・グラス1
卵　1個
小さめの角氷　2～3個

よくシェークし、氷を取り除いてからサーヴする。

トディ

ウイスキー・トディ
Whisky Toddy

砂糖　ティースプーン1
水　ワイン・グラス1/2
ウイスキー　ワイン・グラス1
小さめの角氷　1個

スプーンでステアしてサーヴする。

ブランデー・トディ
Brandy Toddy

角砂糖1個を溶かす、
角氷　1個
ブランデー　グラス1

ミディアム・サイズ・グラスに注ぐ。

FLIPS

パウダー・シュガー　ティースプーン1
焼きリンゴ　1/4個
カルヴァドス
　　　またはアップルジャック　グラス1

脚つきのグラスに材料を入れ、熱湯で満たす。
ナツメグをおろしてふりかける。

アップル・トディ
Apple Toddy

フリップ

フリップは昔から水夫たちのあいだでたいへん人気のある飲み物として知られ、とくにラムで作られるものが多い。通常は以下の方法で作る。

卵　1個
パウダー・シュガー　テーブルスプーン1/2
ラム、ブランデー、ポート・ワイン、
　　　シェリー、ウイスキーのどれか
　　　グラス1

ラム・フリップ
Rum Flip

よくシェークし、ミディアム・サイズ・グラスに注ぐ。ナツメグ少々をおろしてふりかける。寒い日には、ジャマイカ・ジンジャー　1ダッシュを加えるとよい。

エール・フリップ
Ale Flip

片手鍋にエール　1クォートを入れ、火にかけて温める。卵白2個分と卵黄4個分を別々によくかきまぜておき、それを、湿らせた砂糖　テーブルスプーン4とナツメグ1/2個をおろしたものに少しずつ混ぜていく。よく混ざったら、温めたエールに少しずつ加える。加えながらエールをかきまぜ続けること。ふたつのジョッキを用意し、片方にフリップを入れて高く持ち上げ、もう一方へすばやく移す。これをフリップがなめらかになり、細かい泡が立つまで繰り返す。風邪のひきはじめに飲むとよい。

EGG NOGGS

エッグ・ノッグ

エッグ・ノッグはもともとアメリカの飲み物だが、今では世界中で好まれている。アメリカ南部では昔から、クリスマス時期のあいだじゅう飲まれている。スコットランドでは「おじいさんのミルク」として通っているもの。

エッグ・ノッグ
Egg Nogg

卵　1個
パウダー・シュガー
　　　テーブルスプーン
好みの蒸留酒　グラス1
グラスを牛乳で満たす。

よくシェークし、ロング・タンブラーに注ぐ。ナツメグ少々をおろしてふりかける。

ボルティモア・エッグ・ノッグ
Baltimore Egg Nogg

新鮮な卵　1個
砂糖　テーブルスプーン1/2
ブランデー　グラス1/4
ジャマイカ・ラム　グラス1/4
マデイラ　グラス1/2
新鮮な牛乳　1/2パイント

よくシェークし、ロング・タンブラーに注ぐ。ナツメグをおろしてふりかける。

ブレクファスト・エッグ・ノッグ
Breakfast Egg Nogg

新鮮な卵　1個
キュラソー　1/4
ブランデー　3/4
新鮮な牛乳　1/4パイント

よくシェークし、ロング・タンブラーに注ぐ。ナツメグをおろしてふりかける。

TOM COLLINS

卵　1個
砂糖　ティースプーン1½
小さめの角氷　2〜3個

タンブラーをサイダーで満たし、よくシェークする。

ジェネラル・ハリソンズ・エッグ・ノッグ
General Harrison's Egg Nogg

すてきな飲み物で、ミシシッピ川沿いで好まれている。アメリカ合衆国9代大統領ウィリアム・ヘンリー・ハリソンのお気に入りだった。

トム・コリンズ

レモン果汁　½個分
パウダー・シュガー　テーブルスプーン½
ドライ・ジン　グラス1

よくシェークし、ロング・タンブラーに注ぐ。角氷1個とソーダ水を加える。

トム・コリンズ
Tom Collins

ガム・シロップ　5〜6ダッシュ
レモン果汁　小さめのもの1個分
ウイスキー　ラージ・ワイン・グラス1
角氷　2〜3個

よくシェークし、ラージ・バー・グラスに注ぐ。ソーダ水で満たし、泡が消えないうちに飲む。

トム・コリンズ・ウイスキー
Tom Collins Whisky

SLINGS

ジョン・コリンズ
John Collins

レモン果汁　1/2個分
パウダー・シュガー
　　テーブルスプーン1/2
オランダ・ジン　グラス1

よくシェークし、ロング・タンブラーに注ぐ。角氷1個とソーダ水を加える。

スリング

ジン・スリング
Gin Sling

砂糖　テーブルスプーン1を水で溶かす。
ドライ・ジン　グラス1
角氷　1個

ロング・タンブラーに注ぎ、ソーダ水で満たす。ナツメグ少々をおろしてふりかける。

シンガポール・スリング
Singapore Sling

レモン果汁　1/4個分
ドライ・ジン　1/4
チェリー・ブランデー　1/2

よくシェークし、ミディアム・サイズ・グラスに注ぎ、ソーダ水で満たす。角氷1個を加える。

ストレイツ・スリング
（6人分）
Straits Sling

シェーカーにグラス4のジン、グラス1のベネディクティン、グラス1のチェリー・ブランデー、レモン果汁2個分、ティースプーン1のアンゴスチュラ・ビターズ、ティースプーン1のオレンジ・ビターズを入れる。

十分にシェークしてラージ・グラスに注ぎ、ソーダ水で満たす。

シュラブ

ブランデー・シュラブ
Brandy Shrub

レモン2個分の果皮を薄く削ったものと5個分の果汁に、ブランデー 2クォートを加える。3日間寝かせ、シェリー 1クォートと砂糖 2ポンドを加えて漉し袋で漉して瓶に詰める。

ラム・シュラブ
Rum Shrub

オレンジ・ジュース 3パイント、砂糖 1ポンドをラム 1ガロンに加える。すべて樽に入れて6週間寝かせてから飲む。

カラント・シュラブ
Currant Shrub

砂糖　1パイント
漉したカラント・ジュース　1パイント

材料を8分から10分、あくを取りながら弱火で煮立てる。火から下ろして人肌に冷まし、シュラブ 1パイントにつきブランデー 1/8パイントを加える。空気を入れないように瓶に詰める。

ホワイト・カラント・シュラブ
White Currant Shrub

ホワイト・カラントの皮を剥き、ゼリーを作るときのように広口瓶に入れてつぶす。漉した果汁 2クォートをラム 1ガロンに加え、砂糖 2ポンドを入れる。漉し袋で漉す。

サングリア

サヴォイ・サングリア
Savoy Sangaree

パウダー・シュガー　ティースプーン1
シェリー
　　またはポート・ワイン　グラス1

よくステアし、ミディアム・サイズ・グラスに注ぐ。オレンジ・スライスとレモン・ピールを加え、ナツメグ少々をふりかける。

シェリー・サングリア
Sherry Sangaree

スモール・バー・グラスを使う。
シェリー　ワイン・グラス1
パウダー・シュガー　ティースプーン1

グラスの1/3まで氷を入れて、ナツメグをおろしてふりかける。

ポート・ワイン・サングリア
Port Wine Sangaree

ポート・ワイン　ワイン・グラス1 1/3
砂糖　ティースプーン1

タンブラーの2/3まで氷を入れる。よくシェークし、ナツメグをおろしてふりかける。

ハイボール

ミディアム・サイズ・グラスを使う。
角氷　1個
好みの蒸留酒、リキュール、
　　またはワイン　グラス1

ソーダ水で満たす。好みでジンジャー・エールを使ってもよい。好みでレモン・ピールをひねって添える。

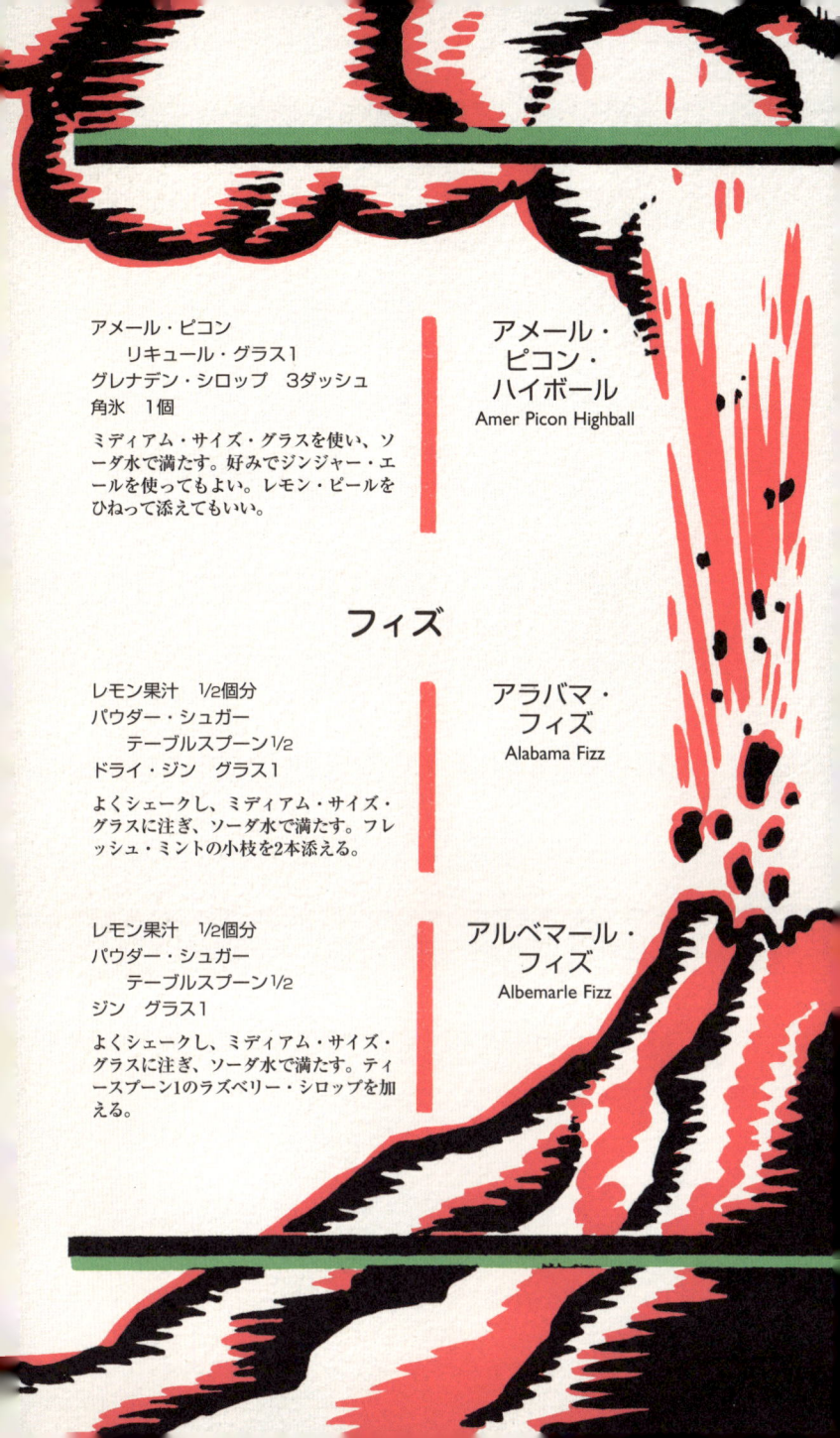

アメール・ピコン
　　リキュール・グラス1
グレナデン・シロップ　3ダッシュ
角氷　1個

ミディアム・サイズ・グラスを使い、ソーダ水で満たす。好みでジンジャー・エールを使ってもよい。レモン・ピールをひねって添えてもいい。

アメール・ピコン・ハイボール
Amer Picon Highball

フィズ

レモン果汁　1/2個分
パウダー・シュガー
　　テーブルスプーン1/2
ドライ・ジン　グラス1

よくシェークし、ミディアム・サイズ・グラスに注ぎ、ソーダ水で満たす。フレッシュ・ミントの小枝を2本添える。

アラバマ・フィズ
Alabama Fizz

レモン果汁　1/2個分
パウダー・シュガー
　　テーブルスプーン1/2
ジン　グラス1

よくシェークし、ミディアム・サイズ・グラスに注ぎ、ソーダ水で満たす。ティースプーン1のラズベリー・シロップを加える。

アルベマール・フィズ
Albemarle Fizz

FIZZES

アップル・ブロウ・フィズ
Apple Blow Fizz

卵白　1個分
レモン・ジュース　4ダッシュ
パウダー・シュガー
　　ティースプーン1
カルヴァドス　グラス1

よくシェークし、ミディアム・サイズ・グラスに注ぎ、ソーダ水で満たす。

ブランデー・フィズ
Brandy Fizz

レモン果汁　1/2個分
パウダー・シュガー
　　テーブルスプーン1/2
ブランデー　グラス1

よくシェークし、カクテル・グラスに注ぎ、ソーダ水で満たす。

バックス・フィズ
Bucks Fizz

ロング・タンブラーを使う。
オレンジ・ジュース　グラス1/4
シャンパンで満たす。

クリーム・フィズ
Cream Fizz

レモン果汁　1/2個分
パウダー・シュガー
　　テーブルスプーン1/2
ドライ・ジン　グラス1
生クリーム　ティースプーン1

よくシェークし、ミディアム・サイズ・グラスに注ぎ、ソーダ水で満たす。

FIZZES

レモン・ジュース　5ダッシュ
パウダー・シュガー　ティースプーン1
卵　1個
カナディアン・クラブ・ウイスキー
　　またはスコッチ・ウイスキー
　　　グラス1
キュラソー　3ダッシュ

よくシェークし、ミディアム・サイズ・グラスに注ぎ、ソーダ水で満たす。

ダービー・フィズ
Derby Fizz

オレンジ果汁　1/2個分
レモン果汁　1/4個分
チェリー・ブランデー　ティースプーン1
デュボネ　グラス1

よくシェークし、ミディアム・サイズ・グラスに注ぎ、ソーダ水で満たす。

デュボネ・フィズ
Dubonnet Fizz

レモン果汁　1/2個分
パウダー・シュガー
　　テーブルスプーン1/2
ジン　グラス1

よくシェークし、ミディアム・サイズ・グラスに注ぎ、ソーダ水で満たす。

ジン・フィズ
Gin Fizz

FIZZES

ゴールデン・フィズ
Golden Fizz

レモン果汁　1/2個分
パウダー・シュガー
　　テーブルスプーン1/2
ジン　グラス1
卵黄　1個

よくシェークし、ミディアム・サイズ・グラスに注ぎ、ソーダ水で満たす。

グランド・ロイヤル・フィズ
Grand Royal Fizz

レモン果汁　1/2個分
パウダー・シュガー
　　テーブルスプーン1/2
ジン　グラス1
マラスキーノ　2ダッシュ
オレンジ果汁　1/4個分
生クリーム（加糖）　テーブルスプーン1

よくシェークし、ミディアム・サイズ・グラスに注ぎ、ソーダ水で満たす。

ホフマン・フィズ
Hoffmann Fizz

レモン果汁　1/2個分
パウダー・シュガー
　　テーブルスプーン1/2
ジン　グラス1

よくシェークし、ミディアム・サイズ・グラスに注ぎ、ソーダ水で満たす。ティースプーン1のグレナデン・シロップを加える。

オランダ・フィズ
Holland Fizz

レモン果汁　1/2個分
パウダー・シュガー
　　テーブルスプーン1/2
ジン　グラス1
卵白　1個分

よくシェークし、ミディアム・サイズ・グラスに注ぎ、ソーダ水で満たす。フレッシュ・ミントの小枝を3本添える。

FIZZES

レモン果汁　1/2個分
ラム　1/3
カナディアン・クラブ・ウイスキー　2/3
砂糖　テーブルスプーン1

よくシェークし、ミディアム・サイズ・グラスに注ぎ、ソーダ水で満たす。

インペリアル・フィズ
Imperial Fizz

グレナデン・シロップ
　　　ティースプーン1
レモン果汁　1/2個分
スウェディッシュ・パンチ
　　　リキュール・グラス1

よくシェークし、ミディアム・サイズ・グラスに注ぎ、ソーダ水で満たす。

メイ・ブロッサム・フィズ
May Blossom Fizz

レモン果汁　1/2個分
　　　またはライム果汁　1個分
パウダー・シュガー
　　　テーブルスプーン1/2
卵白　1個分
アブサン　2ダッシュ
スコッチ・ウイスキー　グラス1

よくシェークし、ロング・タンブラーに注ぎ、ソーダ水で満たす。

モーニング・グローリー・フィズ
Morning Glory Fizz

レモン果汁　1/2個分
パウダー・シュガー
　　　テーブルスプーン1/2
卵白　1個分
ドライ・ジン　グラス1
フルール・ドランジュ　3ダッシュ
生クリーム（加糖）　テーブルスプーン1

よくシェークし、ロング・タンブラーに注ぎ、ソーダ水で満たす。

ニューオーリンズ・ジン・フィズ
New Orleans Gin Fizz

FIZZES

オレンジ・フィズ
Orange Fizz

オレンジ果汁　1/2個分
レモン果汁　1/4個分
　またはライム果汁　1/2個分
ドライ・ジン　グラス1

よくシェークし、ミディアム・サイズ・グラスに注ぎ、ソーダ水で満たす。

オルジェー・フィズ
Orgeat Fizz

レモン果汁　1/2個分
オルジェー　リキュール・グラス1

よくシェークし、ミディアム・サイズ・グラスに注ぎ、ソーダ水で満たす。

オステンド・フィズ
Ostend Fizz

クレーム・ド・カシス
　リキュール・グラス1/2
キルシュ　リキュール・グラス1/2

よくシェークし、ミディアム・サイズ・グラスに注ぎ、ソーダ水で満たす。

FIZZES

レモン果汁　1/2個分
　　　またはライム果汁　1個分
すりつぶしたイチゴ　4個分
パウダー・シュガー
　　　テーブルスプーン1/2
生クリーム（加糖）　テーブルスプーン1
ドライ・ジン　グラス1

よくシェークし、ミディアム・サイズ・グラスに注ぎ、ソーダ水で満たす。

ピーチ・ブロウ・フィズ
Peach Blow Fizz

パイナップル・ジュース
　　　テーブルスプーン2
パウダー・シュガー
　　　テーブルスプーン1/2
バカルディ・ラム　グラス1

よくシェークし、ミディアム・サイズ・グラスに注ぎ、ソーダ水で満たす。

パイナップル・フィズ
Pineapple Fizz

レモン果汁　1/2個分
パウダー・シュガー
　　　テーブルスプーン1/2
ジン　グラス1
卵　1個

よくシェークし、ミディアム・サイズ・グラスに注ぎ、ソーダ水で満たす。

ロイヤル・フィズ
Royal Fizz

FIZZES

ルビー・フィズ
Ruby Fizz

レモン果汁　1/2個分
パウダー・シュガー
　　テーブルスプーン1/2
卵白　1個分
ラズベリー・シロップ
　　またはグレナデン・シロップ
　　2ダッシュ
スロー・ジン　グラス1

よくシェークし、ミディアム・サイズ・グラスに注ぎ、ソーダ水で満たす。

シルヴァー・フィズ
Silver Fizz

レモン果汁　1/2個分
パウダー・シュガー
　　テーブルスプーン1/2
ジン　グラス1
卵白　1個分

よくシェークし、ミディアム・サイズ・グラスに注ぎ、ソーダ水で満たす。

サウス・サイド・フィズ
South Side Fizz

レモン果汁　1/2個分
パウダー・シュガー
　　テーブルスプーン1/2
ジン　グラス1

よくシェークし、ミディアム・サイズ・グラスに注ぎ、ソーダ水で満たす。フレッシュ・ミントの葉を添える。

テキサス・フィズ
Texas Fizz

オレンジ果汁　1/4個分
レモン果汁　1/4個分
パウダー・シュガー
　　ティースプーン1
ドライ・ジン　グラス1

よくシェークし、ミディアム・サイズ・グラスに注ぎ、ソーダ水で満たす。

クーラー

アプリコット・クーラー
Apricot Cooler

レモン果汁　1/2個分
　　またはライム果汁　1個分
グレナデン・シロップ　2ダッシュ
アプリコット・ブランデー
　　リキュール・グラス1

よくシェークし、ロング・タンブラーに注ぎ、ソーダ水で満たす。

ハーヴァード・クーラー
Harvard Cooler

レモン果汁　1/2個分
　　またはライム果汁　1個分
砂糖　テーブルスプーン1/2
アップルジャック
　　またはカルヴァドス　グラス1

よくシェークし、ロング・タンブラーに注ぎ、ソーダ水で満たす。

ハイランド・クーラー
Highland Cooler

パウダー・シュガー　ティースプーン1
レモン果汁　1/2個分
アンゴスチュラ・ビターズ　2ダッシュ
スコッチ・ウイスキー　グラス1
角氷　1個分

ロング・タンブラーに注ぎ、ジンジャー・エールで満たす。

ローン・ツリー・クーラー
Lone Tree Cooler

レモン果汁　1/4個分
オレンジ果汁　1個分
ドライ・ヴェルモット　1/3
ドライ・ジン　2/3
グレナデン・シロップ
　　リキュール・グラス1

よくシェークし、ロング・タンブラーに注ぎ、ソーダ水で満たす。

COOLERS

ロング・トム・クーラー
Long Tom Cooler

レモン果汁　1/2個分
砂糖　テーブルスプーン1/2
ドライ・ジン　グラス1

よくシェークし、ロング・タンブラーに注ぐ。角氷1個を加え、ソーダ水で満たす。

マンハッタン・クーラー
Manhattan Cooler

レモン果汁　1/2個分
　　またはライム果汁　1個分
パウダー・シュガー
　　テーブルスプーン1/2
クラレット（赤ワイン）
　　ワイン・グラス1
ラム　3ダッシュ

よくステアし、ミディアム・サイズ・グラスに注ぐ。季節のフルーツで飾る。

ミント・クーラー
Mint Cooler

スコッチ・ウイスキー　グラス1
クレーム・ド・マント　3ダッシュ

タンブラーを使い、角氷1個を入れてソーダ水で満たす。

ムーンライト・クーラー
Moonlight Cooler

パウダー・シュガー
　　テーブルスプーン1/2
レモン果汁　1個分
カルヴァドス　グラス1

よくシェークし、ロング・タンブラーに注ぎ、ソーダ水で満たす。季節のフルーツをスライスして飾る。

レムセン・クーラー
Remsen Cooler

ドライ・ジン　グラス1
ソーダ水
　　1スプリット（6オンス瓶1本）

レモンの果皮をらせん状に剥き、ロング・タンブラーに角氷1個と入れる。ジンとソーダ水を加える。

RICKEYS

レモン果汁　1/2個分
グレナデン・シロップ　2ダッシュ
アプリコット・ブランデー　1/2
ドライ・ジン　1/2
角氷　1個

ロング・タンブラーを使い、ソーダ水で満たす。フレッシュ・ミントの小枝を2本添える。

シー・ブリーズ・クーラー
Sea Breeze Cooler

砂糖　テーブルスプーン1/2
レモン果汁　1/2個分
ドライ・ジン　グラス1

ロング・タンブラーを使い、ジンジャー・ビアで満たす。

シェイディ・グローヴ・クーラー
Shady Grove Cooler

リッキー

通常は以下のレシピで作る。

ミディアム・サイズ・グラスを使う。
角氷　1個
ライム果汁　1/2個分
　　またはレモン果汁　1/4個分
ウイスキー、ジン、ラム、バーボン、
　　カルヴァドス、カペリティフなど、
　　好みの蒸留酒またはリキュール
　　グラス1

ソーダ水で満たし、ライムかレモンを絞ったあとの果皮をグラスに入れる。

DAISIES

サヴォイ・ホテル・リッキー
Savoy Hotel Rickey

ミディアム・サイズ・グラスを使う。
角氷　1個　　ジン　グラス1
ライム果汁　1/2個分　またはレモン果汁　1/4個分
グレナデン・シロップ　4ダッシュ

ソーダ水で満たし、ライムかレモンを絞ったあと、果皮をグラスに入れる。

デイジー

ジン・デイジー
Gin Daisy

レモン果汁　1/2個分
パウダー・シュガー　テーブルスプーン1/4
グレナデン・シロップ　6ダッシュ
ジン　グラス1

ロング・タンブラーに材料と砕いた氷を半分まで入れ、十分に冷えるまでかきまぜる。ソーダ水で満たし、ミントの小枝を4本添え、季節のフルーツのスライスで飾る。

サンタ・クルス・ラム・デイジー
Santa Cruz Rum Daisy

スモール・バー・グラスを使う。
ガム・シロップ　3〜4ダッシュ
マラスキーノ
　　またはキュラソー　2〜3ダッシュ
レモン果汁　小さめのもの1/2個分
サンタ・クルス・ラム　ワイン・グラス1

削った氷をグラスの1/3まで入れる。よくシェークし、ラージ・カクテル・グラスに注ぎ、セルツァー水かアポリナリス水（炭酸水）で満たす。

FIXES

ウイスキー・デイジー
Whisky Daisy

スモール・バー・グラスを使う。
ガム・シロップ　3ダッシュ
レモン果汁　小さめのもの1/2個分
バーボン
　　またはライ・ウイスキー
　　ワイン・グラス1

削った氷をグラスの1/3まで入れる。よくシェークし、ラージ・カクテル・グラスに注ぎ、セルツァー水かアポリナリス水で満たす。

フィックス

フィックスを作る場合、グラスにレモンの果皮を入れることに注意する。

ブランデー・フィックス
Brandy Fix

スモール・タンブラーにティースプーン1の砂糖を入れ、ティースプーン1の水で溶かす。レモン果汁1/2個分とリキュール・グラス1/2のチェリー・ブランデー、リキュール・グラス1のブランデーを加える。

細かい氷でグラスを満たし、ゆっくりとステアする。レモン・スライスを加え、ストローを添えてサーヴする。

ジン・フィックス
Gin Fix

スモール・バー・グラスを使う。
砂糖　テーブルスプーン1
レモン果汁　1/4個分
水　ワイン・グラス1/2
ジン　ワイン・グラス1

削り氷でグラス2/3まで満たし、スプーンでステアする。季節のフルーツを飾る。

JULEPS

サンタ・クルス・フィックス
Santa Cruz Fix

ブランデー・フィックスのブランデーを、サンタ・クルス・ラムに変えるとサンタ・クルス・フィックスになる。

ウイスキー・フィックス
Whisky Fix

大型ティースプーン1の
　パウダー・シュガーを少量の
　水で溶かす。
レモン果汁　1/2個分
バーボン
　またはライ・ウイスキー　ワイン・グラス1

削り氷でグラス2/3まで満たし、よくステアする。季節のフルーツを飾る。

ジュレップ

ミント・ジュレップ
Mint Juleps

ジュレップはもともとアメリカ南部で考案された楽しい飲み物であり、昔から多くの偉大な人物に称賛されてきた。イギリス領の島々にこの飲み物を紹介したのは、小説家であり船長でもある、かの有名なキャプテン・マリアットだ。以下に、彼のレシピを彼自身の言葉を借りて説明する。

「ちょっとばかりミント・ジュレップについて話そう。摂氏37度の気候のもとでは、この飲み物はこれまでに考え出されたものの中でもっとも嬉しく、気持ちをなだめてくれる。摂氏21度と涼しいときでも、同じくらいおいしく飲んでもらえるだろう。クラレットやマデイラで作るものなど、たくさんの

種類があるが、本物のミント・ジュレップの材料は次のとおり。私は作り方を練習して、うまく作ることができるようになった。タンブラーにミントの柔らかい若芽を10枚ほど入れ、スプーン1杯の砂糖を加える。ピーチ・ブランデーと普通のブランデーを半々ずつタンブラーの1/3まで注ぐ。それよりちょっと少なくてもいい。削った氷か砕いた氷をタンブラーいっぱいに入れる。食いしん坊なら、生のパイナップルでタンブラーの縁をこすり、たいていはタンブラーのまわりを氷の塊で包む。タンブラーの氷が溶けたら飲もう。以前、わたしの隣の部屋でふたりのご婦人が話しているのが聞こえてきたとき、ひとりがこう言っていた。『これだけはやめられないものがあるとすれば、そうね、ミント・ジュレップだわ！』なんともほほえましい好みではないか。彼女の趣味のよさがわかるというものだ。実際、アメリカのご婦人がたと同じく、ミント・ジュレップには抗いがたい魅力がある」。

シャンパン・ジュレップ
Champagne Julep

ロング・タンブラーを使う。
角砂糖　1個
ミントの小枝　2本

グラスをシャンパンで満たし、そっとステアする。季節のフルーツで飾る。

パイナップル・ジュレップ
（6人分）
Pineapple Julep

大きめのガラスの水差しを用意し、1/4まで砕いた氷を入れる。オレンジ2個分の果汁、ラズベリー・ヴィネガー　グラス1、マラスキーノ　グラス1、ジン　グラス1/2、モーゼルかソーミュールのスパークリング・ワイン1瓶を注ぐ。パイナップル1個を銀のフォークでつぶして加える。ステアし、フルーツで飾ってサーヴする。

SMASHES

サザン・ミント・ジュレップ
Southern Mint Julep

フレッシュ・ミントの小枝　4本
パウダー・シュガー
　　テーブルスプーン1/2
バーボン、ライ、
　　またはカナディアン・クラブ・ウイスキー　グラス1

ロング・タンブラーでミントの葉をつぶし、砂糖を加えて軽く混ぜる。ウイスキーを加え、砕いた氷でグラスを満たす。よく冷えるまでそっとステアする。ミントの小枝3本を添える。

スマッシュ

「スマッシュ」は、要するにジュレップに似たものだが通常は以下のレシピで作る。

ミディアム・サイズ・グラスを使う。
角砂糖1個を溶かす。
ミントの葉4枚を加え、砂糖と一緒に軽くつぶす。
角氷1個をグラスに入れる。
バカルディ・ラム、ブランデー、ジン、
　　アイリッシュ・ウイスキー、スコッチ・ウイスキーのうち
　　好みのものをスモール・グラス1杯加える。

オレンジ・スライスで飾り、レモン・ピールを絞る。

COBBLERS AND FRAPPÉ

コブラー

コブラーは、ジュレップと同じくアメリカ発祥の飲み物だが、いまではとりわけ暑い季節に好まれるようになっている。作り方は簡単だが、味だけでなく見た目も楽しいものにしなくてはならない。そのため、材料を混ぜたあとにグラスを飾る。通常のレシピは以下のとおり。ジンをウイスキーに変えるとウイスキー・コブラーに、ブランデーに変えるとブランデー・コブラーになる。

砕いた氷をグラス半分まで入れる。
ティースプーン1のパウダー・シュガーを加える。
スモール・グラス1のジン
　　（上記のように、ウイスキーかブランデーでもよい）を加える。

よくステアし、オレンジかパイナップルのスライスで飾る。

フラッペ

アブサン　2/3
アニゼット・シロップ　1/6を
　倍量の水で薄める。

シェーカーの外側全体が冷えて曇るまで十分にシェークする。スモール・タンブラーに注ぐ。

アブサン・フラッペ
Absinthe Frappé

パンチ

「これは私の銀のボウル、古きよき時代を思い出す
喜びにあふれた昼下がり、陽気な夕べ、楽しいクリスマスの鐘の音
自由で愉快、でも誠実で勇敢な真実の時間
パンチを満たしたそんな日々、古いボウルは新しかった」

これはオリヴァー・ウェンデル・ホームズの作った古い酒宴の歌で、パンチを飲んで楽しんだ昔を歌った歌のひとつだ。

パンチを正しく作るには十分な注意が必要で、辛抱強く慎重に憶えなくてはならない大切な秘訣がある。さまざまな材料をすこしずつ、十分に混ぜることだ。苦いもの、甘いもの、蒸留酒、リキュールのうち、どれかひとつが目立ってしまうことのないようにする。そのために大切なのは、材料の分量を正確に計ることより、加えていく順番と混ぜ方だ。下に示す古い有名なパンチのレシピは、徹底的に学ぶ価値のあるものと言えよう。

ボンベイ・パンチ
Bombay Punch

ブランデー　1クォート
シェリー　1クォート
マラスキーノ　1/4パイント
オレンジ・キュラソー　1/4パイント
シャンパン　4クォート
ソーダ水　2クォート

静かにステアする。パンチ・ボウルのまわりを砕いた氷で包み、季節のフルーツを飾る。

PUNCHES

レモン果汁　15個分
オレンジ果汁　4個分
パウダー・シュガー　1 1/4ポンド
キュラソー　1/2パイント
グレナデン・シロップ　グラス1
ブランデー　2クォート

パンチ・ボウルに大きな氷の塊を入れ、上から材料を加える。1～2クォートのソーダ水を注ぐ。

ブランデー・パンチ
Brandy Punch

砂糖　1 1/2ポンド
ソーダ水　2クォート
クラレット（赤ワイン）　2クォート
ブランデー　1パイント
ラム　1パイント
スパークリング・ワイン（白）
　　1パイント
スイート・ヴェルモット　グラス1

大きな氷の塊を入れたパンチ・ボウルに注ぐ。

カーディナル・パンチ
Cardinal Punch

パウダー・シュガー
　　1/2ポンド
シャンパン　2クォート
ソーダ水　1クォート
ブランデー　グラス1
マラスキーノ　グラス1
キュラソー　グラス1

パンチ・ボウルに注いでよく混ぜる。砕いた氷でボウルのまわりを包み、季節のフルーツをスライスしたもので飾る。

シャンパン・パンチ
Champagne Punch

PUNCHES

クラレット・パンチ
Claret Punch

- パウダー・シュガー　½ポンド
- クラレット（赤ワイン）　3クォート
- ソーダ水　2クォート
- レモン・ジュース　½パイント
- キュラソー　グラス1

パンチ・ボウルに注いでよく混ぜる。砕いた氷でボウルのまわりを包み、季節のフルーツをスライスしたもので飾る。

フィッシュ・ハウス・パンチ
Fish House Punch

- レモン果汁　6個分
- パウダー・シュガー　½ポンド
- ブランデー　½パイント
- ピーチ・ブランデー　¼パイント
- ジャマイカ・ラム　¼パイント
- ソーダ水　3パイント

氷の塊を入れた大きめのパンチ・ボウルに注ぐ。

グラスゴー・パンチ
Glasgow Punch

シェルトン・マッケンジー博士の残したレシピより。

冷水で角砂糖を溶かし、レモン2個分の果汁と一緒に目の細かい漉し器で漉す。よく混ぜること。オールド・ジャマイカ・ラムを果汁の⅕量加える。ライム1個を半分に切り、それぞれでボウルや水差しの縁をすばやくこすり、繊細な酸味をそっと絞り入れる。これでパンチのできあがり。自由に飲んでもらう。

レモン果汁　4個分
レモンの果皮　2個分
砂糖　1/2ポンド　熱湯で溶かす。
パイナップル　1個
　　皮を剥いてスライスし、つぶす。
クローヴ　6粒
コリアンダー・シード　20粒
シナモン・スティック
　　小さめのもの1本
ブランデー　1パイント
ジャマイカ・ラム　1パイント
バタヴィア・アラック　1/4パイント
濃いめの緑茶　1カップ
熱湯　1クォート
温めた牛乳　1クォート

ミルク・パンチ
（No.1）
Milk Punch (No.1)

きれいに洗った大瓶に牛乳以外の材料を入れ、最後に熱湯を加える。蒸発しないように蓋をして、すくなくとも6時間寝かせる。温めた牛乳と、さらにレモン2個分の果汁を加えて混ぜ、漉し袋で漉す。パンチが澄んだら、瓶に詰めてきっちり蓋をする。

このパンチは冷やして飲む。すぐに飲む場合は、漉さなくてもよい。

PUNCHES

ミルク・パンチ
(No.2)
Milk Punch (No.2)

牛乳　グラス1
パウダー・シュガー
　　テーブルスプーン1/2
ウイスキー　またはラム　グラス1

よくシェークし、ロング・タンブラーに注ぐ。
ナツメグ少々をおろしてふりかける。

ニュルンベルク・パンチ
(15人分)
Nuremberg Punch

棒砂糖3/4ポンドに、大きめのオレンジ2～3個分の果汁を漉しながら加える。オレンジの皮をごく薄く剥いたものを少量入れる。上から熱湯1クォートを注ぐ。1/3量のバタヴィア・アラック、温めた（沸騰させてはならない）赤ワインか白ワイン1瓶を加える——できれば赤がよい。よく混ぜる。冷やして時間をおくとおいしくなる。

オックスフォード・パンチ
Oxford Punch

レモン3個分の果皮を棒砂糖でこすり、果汁を絞り出す。さらにレモン2個と、スイート・オレンジ2個の皮を薄く剥く。仔牛の脚を煮出し、グラス6杯分のゼラチンを取る。大きめの水差しに以上のものを入れ、よくかきまぜる。熱湯2クォートを注ぎ、レンジの脇など暖かい場所で20分寝かせる。目の細かい漉し器で漉しながら、大きめのボウルに移す。カピレール1瓶、シェリー1/2パイント、コニャック・ブランデー　1パイント、オールド・ジャマイカ・ラム　1パイント、オレンジ・シュラブ　1クォートをよくかきまぜながら加える。もっと甘くしたい場合は、味をみながら砂糖を加える。
どろどろしたものが苦手な人もいるので、酒類を入れる前に漉したほうがよい。また、砂糖とレモン果汁を合わせる前に果汁を漉したほうがよく混ざり、パンチに深みが出る。

PUNCHES

ラムだけを使う場合は、ポーター・ビール1/2パイントを加えると丸みが出る。ラムとブランデーの両方を使う場合も、ポーターを加えることで、深みとすばらしい香りが出る。

パウダー・シュガー　1/2ポンド
ライン・ワイン　3クォート
ソーダ水　1クォート
ブランデー　グラス1
マラスキーノ　グラス1
紅茶の葉　テーブルスプーン2

ライン・ワイン・パンチ
（10人分）
Rhine Wine Punch

紅茶の葉を目の細かい布に包み、残りの材料を混ぜたものに10分ほど浸す。ボウルのまわりを砕いた氷で包み、季節のフルーツをスライスしたもので飾る。

シャンパン　1クォート
ラム　1クォート
オレンジ・ビターズ
　　リキュール・グラス1/2
レモン果汁　10個分
オレンジ果汁　3個分
砂糖　2ポンド
卵白　10個分

ローマン・パンチ
Roman Punch

パンチ・ボウルを使う。レモンとオレンジの果汁で砂糖を溶かし、オレンジの果皮、よく泡立てた卵白を加える。ボウルのまわりを砕いた氷で包み、材料がよく混じり合うまでかきまぜる。

パウダー・シュガー　1/2ポンド
ソーテルヌ　2クォート
マラスキーノ　リキュール・グラス1
キュラソー　リキュール・グラス1
グラン・マルニエ　リキュール・グラス1

ソーテルヌ・パンチ
Sauterne Punch

パンチ・ボウルを使い、氷の塊1個を加え、季節のフルーツをスライスしたもので飾る。

PUNCHES

アンクル・トビー・パンチ
イングランド風
（フォード将軍のレシピ）
Uncle Toby Punch. English (General Ford's Recipe)

皮がざらざらしてよく熟した大きめの新鮮なレモン2個、大きめの角砂糖数個を用意する。角砂糖が黄色くなるまでレモンの表面をこする。ボウルにこの砂糖を入れ、レモンの果汁を絞る。絞ってみなければどれくらい酸っぱいかわからないので、ここに正確な分量は書けない。したがって、味をみながら加えていくこと。砂糖の上から果汁を絞ったら、力を入れて砂糖をつぶして、果汁とよく混ぜ合わせる。パンチに深みと香りを出すために、レモンの表面を十分にこすり、砂糖と果汁を徹底的に混ぜ合わせる。以上のものを熱湯（軟水がよい）とよく混ぜて全体を冷ます。混ざったものを（以後、シャーベットと呼ぶ）好みに合わせて、ブランデーとラムを同量ずつ加える。全体がよく混ざるように、ふたたびかきまぜる。酒類の量は好みでよい。良質のレモン2個に対し、普通は1クォートの酒類と砂糖1/2ポンドを加えて4クォートのパンチを作る。だが、これはレモンの味や酒類の強さで大きく変わる。

瓶詰め用に作るパンチ

本物のパンチを瓶詰めにして、いつでも使えるようにしておくと役に立つことは、すぐにわかってもらえるだろう。このためには、飲むときに水か熱湯を加えるだけでいいように、パンチを濃縮した状態で作っておかなければならない。以下のレシピは、そのためのものだ。

アラック・パンチのもと
Essence of Arrack Punch

バタヴィア・アラック　1½ガロン
蒸留酒　3ガロン
シロップ　3ガロン
レモン・ピールのエキス　½パイント

すべてをよく混ぜ合わせるだけで、すぐに使える。

ブランデー・パンチのもと
Essence of Brandy Punch

アルコール度の高いブランデー
　　5ガロン
シロップ　3ガロン
レモン・ピールのエキス　½パイント
オレンジ・ピールのエキス
　　½パイント
オールスパイスのエキス　3オンス
クローヴのエキス　ワイン・グラス½

エキス類をブランデーとよく混ぜ、シロップを加える。

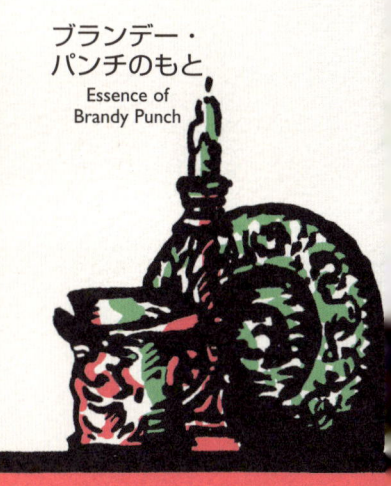

PUNCHES

クラレット・パンチのもと
Essence of Claret Punch

赤ワイン　5ガロン
蒸留酒　2½ガロン
シロップ　3ガロン
レモン・ピールのエキス　1パイント
ラズベリー・ジュース　½パイント
酒石酸　1オンス
クローヴのエキス　1½オンス
シナモンのエキス　1½オンス

酒石酸を少量の蒸留酒でとかす。残りの蒸留酒とエキス類を混ぜ合わせる。以上を一緒にして、残りの材料を加える。

CUPS

瓶詰め用のジン・パンチ

先に記したフォード将軍のレシピに従ってシャーベットを作り、良質のジンを適量加える。瓶詰めにして涼しい貯蔵室で保管すれば、経済的でおいしい夏の飲み物になる。

カップ

サイダー・カップ
(No.1)
(4人分)
Cider Cup (No.1)

小さめのガラスの水差しを使う。
マラスキーノ　リキュール・グラス1
キュラソー　リキュール・グラス1
ブランデー　リキュール・グラス1
サイダー　1クォート
角氷　4個
ソーダ水を加える。

そっとステアして、季節のフルーツをスライスしたもので飾る。

サイダー・カップ
(No.2)
(4人分)
Cider Cup (No.2)

大きめのガラスの水差しを使う。
カルヴァドス　リキュール・グラス1
ブランデー　リキュール・グラス1
オレンジ・キュラソー
　　リキュール・グラス1
角氷　3個
サイダー　1瓶
ソーダ水を加える。

フルーツをスライスして飾り、ミントの小枝を2本添える。

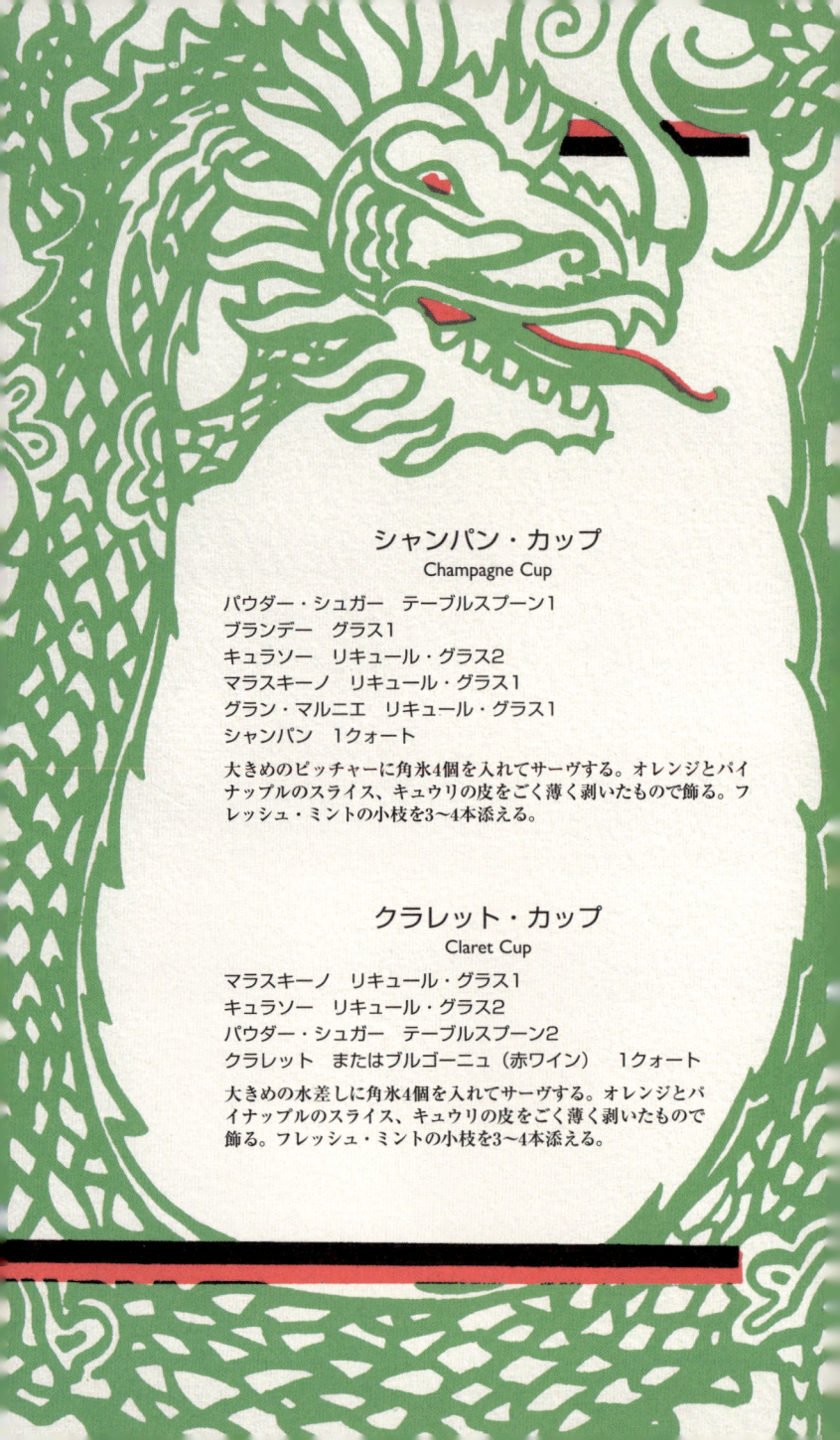

シャンパン・カップ
Champagne Cup

パウダー・シュガー　テーブルスプーン1
ブランデー　グラス1
キュラソー　リキュール・グラス2
マラスキーノ　リキュール・グラス1
グラン・マルニエ　リキュール・グラス1
シャンパン　1クォート

大きめのピッチャーに角氷4個を入れてサーヴする。オレンジとパイナップルのスライス、キュウリの皮をごく薄く剥いたもので飾る。フレッシュ・ミントの小枝を3〜4本添える。

クラレット・カップ
Claret Cup

マラスキーノ　リキュール・グラス1
キュラソー　リキュール・グラス2
パウダー・シュガー　テーブルスプーン2
クラレット　またはブルゴーニュ（赤ワイン）　1クォート

大きめの水差しに角氷4個を入れてサーヴする。オレンジとパイナップルのスライス、キュウリの皮をごく薄く剥いたもので飾る。フレッシュ・ミントの小枝を3〜4本添える。

ピーチ・カップ
Peach Cup

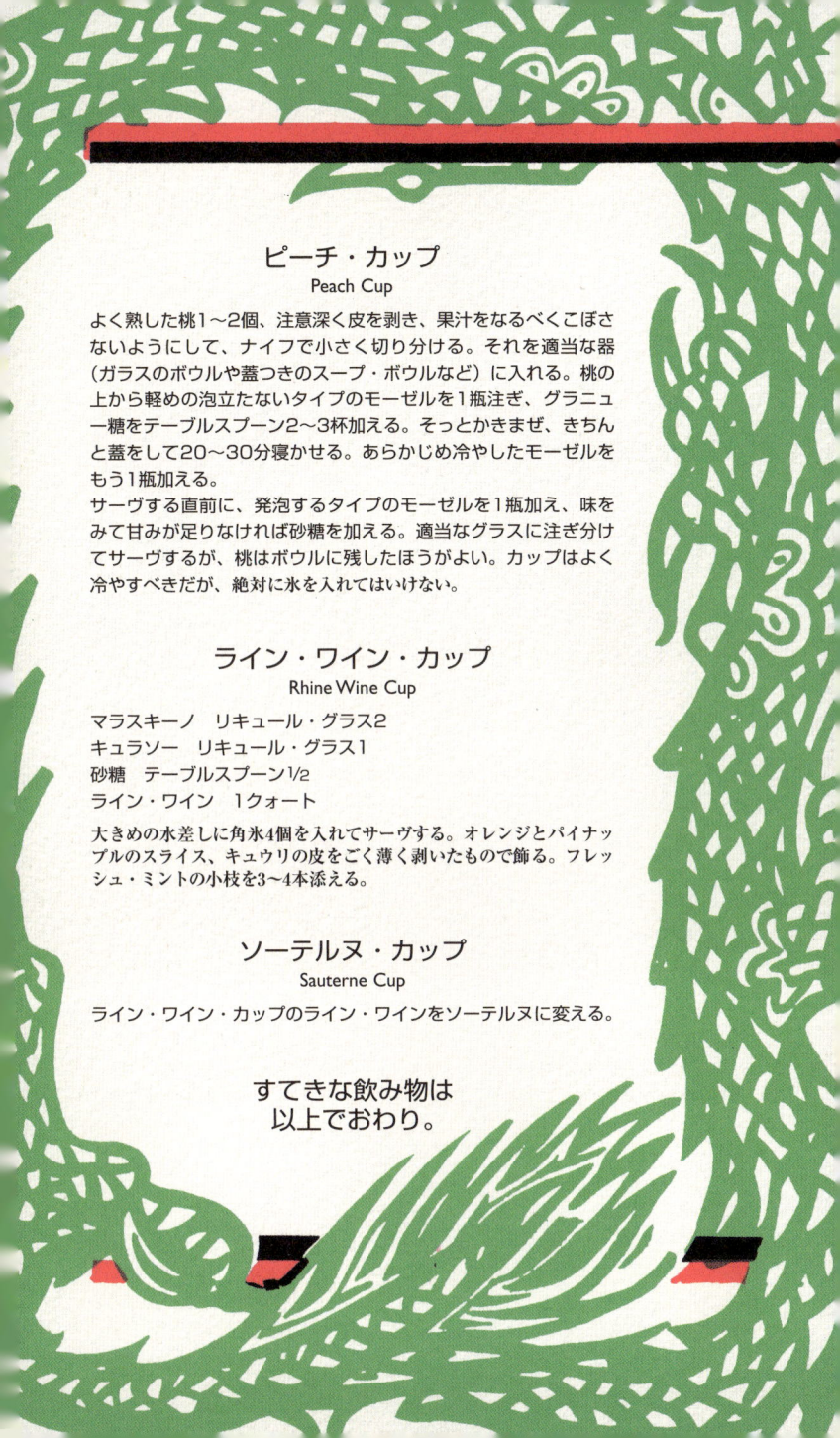

よく熟した桃1〜2個、注意深く皮を剥き、果汁をなるべくこぼさないようにして、ナイフで小さく切り分ける。それを適当な器（ガラスのボウルや蓋つきのスープ・ボウルなど）に入れる。桃の上から軽めの泡立たないタイプのモーゼルを1瓶注ぎ、グラニュー糖をテーブルスプーン2〜3杯加える。そっとかきまぜ、きちんと蓋をして20〜30分寝かせる。あらかじめ冷やしたモーゼルをもう1瓶加える。
サーヴする直前に、発泡するタイプのモーゼルを1瓶加え、味をみて甘みが足りなければ砂糖を加える。適当なグラスに注ぎ分けてサーヴするが、桃はボウルに残したほうがよい。カップはよく冷やすべきだが、絶対に氷を入れてはいけない。

ライン・ワイン・カップ
Rhine Wine Cup

マラスキーノ　リキュール・グラス2
キュラソー　リキュール・グラス1
砂糖　テーブルスプーン1/2
ライン・ワイン　1クォート

大きめの水差しに角氷4個を入れてサーヴする。オレンジとパイナップルのスライス、キュウリの皮をごく薄く剝いたもので飾る。フレッシュ・ミントの小枝を3〜4本添える。

ソーテルヌ・カップ
Sauterne Cup

ライン・ワイン・カップのライン・ワインをソーテルヌに変える。

すてきな飲み物は
以上でおわり。

偉大なるワインに
敬意を払って
読み進めること。

ここからは、
最高級の
ヴィンテージについて
学ぼう。

すばらしいワインとの幸せなとき

"コレット"著

　私はかわいがられて育ちました。そう断言しても納得していただける証拠があります。私がやっと3歳になったばかりのときに、寛大で進歩的だった父から、生まれ故郷の南フランスから送られてきた暗赤色のワインを、リキュール・グラスに一杯もらったのです。フロンティニャンのマスカット・ワインでした。

　まるで日射病にかかったような、ひと目ぼれの恋人に出会ったような、神経というものの存在をいきなり知ったような感じがしました。この聖なる変化を体験して以降、私はいっぱしのワイン信奉者となったのです。そのうち、ゆでた栗を食べながら、シナモンとレモンで香りをつけて温めたワインを飲むことを覚えました。かろうじて文字が読めるくらいの年になると、古く軽いブルゴーニュの赤を、そしてめくるめくようなシャトー・ディケムをちびちびと舐めていました。次はシャンパンで、誕生日の正餐と初めての聖餐のあいだ、真珠のような泡沫がかすかな音をたててはじけていました。灰色のピュイザイ産のトリュフもありました……。ささやかですが、身近な知識から得たすばらしい教訓は、すぐに呑み込んではならないということ。細いグラスに注ぎ、ゆっくりと合間を置きながら一口含み、慎重に味わうこと。

　この素敵な勉強の期間の最後は、11歳から15歳のあいだでした。母は、私が成長するにつれて貧血症になっていくようだと心配しました。そして、家の地下にある御影石を刻んで造った貯蔵室で——ありがたいことに無傷だった！——齢を重ねてきたワインを、一本ずつ乾いた砂から掘り出したのです。そのことを思うといつも、われながら、それほどの恩恵に浴していた小さな子どもがうらやましくなります。学校が始まると、質素な食事——鶏の脚すね肉のカツレツひと切れか、拳で叩くとガラスのように粉々になってしまう、

木の灰に包まれて熟成した固いチーズひと切れ——と一緒に飲むために、シャトー・ラローズ、シャトー・ラフィット、シャンベルタン、それに1870年にプロイセンの手から逃れたコルトンを持っていきました。それらのワインのなかには、質が悪くなっていて、色が変わり、わずかに枯れた薔薇の匂いがしているものもありました。タンニンの澱が沈み、ボトルを色濃く染めていました。それでも、ほとんどはそのすばらしい光輝と力強さを保っていたのです。なんと楽しいひとときだったことでしょう！　私は父の貯蔵室の粋を、そっと飲み干していきました……。母は開いた瓶にコルクで栓をして、私の頬を彩るフランスのヴィンテージの輝きを見つめていたものです。

　食事のときに、人工的に色をつけたワインでお腹を膨らませなくてもよい子どもとは、ほんとうに幸運ですね！　そして、子どもたちに純粋なワインを——この「純粋」という言葉は最高であることを意味して使っています——分け与える両親とは、ほんとうにもののわかった人たちです。彼らは子どもたちにこう教えます。「食事の時間でなければ、井戸や蛇口、湧き水があるだろう。水は喉が渇いたときのものだ。ワインは独特の風味をもった、食事に捧げる贅沢品なんだよ」

　ワインは滋養にもなるのではないでしょうか？　私の住んでいたブルゴーニュ南部では、村人たちが埃と絹糸のような蜘蛛の巣に覆われた瓶のまわりに集まって、瓶にキスを送りながら、「甘露だ！」と——味わっていないうちから——叫んだものですが、それはなんとも楽しいひとときでした。そういうわけで、ここでワインについて私が話していることは、すべて私の経験したことに他ならないことをおわかりいただけるでしょうか？　幼いうちに、ワインをまったく飲まない者と飲みすぎる者の両方を軽蔑することを学ぶのは、結

構なことです。

　葡萄畑とワインは大いなる謎です。植物の王国にひとりたたずむと、葡萄の樹は本物の大地の香りを知らせてくれます。そしてその香りは、とても忠実に運ばれてきます！　土壌の神秘をあますところなく連れてきて、教えてくれるのです。そのおかげで、石でさえも生きていて、なにかを生み出し、栄養を与えていることに気づきます。ワインの中では、感情のない石灰でさえ黄金色の涙を流してすすり泣くのです。遠く離れた土地に葡萄の樹を挿し木すれば、樹はみずからの個性を保とうともがき、強力な無機質の化学物質にも打ち勝つことがあります。アルジェ近郊に集められた白ワインは、何年にもわたって高貴なボルドーの末裔の特徴を完璧に残し、過不足なく甘く、柔らかく、華やかでした。マデイラでは、岩だらけの狭い大地の端で、シャトー・シャロンで円熟してきた、どっしりとした辛口のワイン用の葡萄が温まり、色づいていました。

　ねじれた蔓に実った透明感のある濃い瑪瑙色の房、または銀色の粉をふいた青い葡萄の房から、ふたつの大きな石のあいだから生えている、木でできた蛇のような裸の幹へと視線を走らせます。この南の大地は、どうやって栄養を得ているのでしょうか？　雨もなく、編み目のような根で固められているだけなのに。夜露と陽光だけで十分なのです——星の輝き、また別の星の命の汗だけで——驚くべきことに。

　昼間はひとかけらの雲もなく、夜には穏やかな雨が降る——そんな日がどのくらい続けば、あるヴィンテージ・ワインが他よりも抜きんでたものになるのでしょう。これについては、人間にできることはほとんどありません。決めるのは天の魔法であり、惑星の軌道であり、太陽の黒点なのですから。

　その指で、美酒の里の地図を、栄えある「年代者」のリストをな

ぞってみてください。ヴィンテージの年代記を知り、サン・テステフ、ジュリアン、エミリオン……と続く名前を学んでください。そういう流儀になっているのです。そして——これも流儀から言えば——ワインを飲んで満足できないという人は、最近になって飲むことを覚えたにちがいありません。ワインを選ぶ目をお持ちでなければ、このような年表が役に立ちます。私たちの住む地方、私たちの住む町の名前を口にするというただそれだけで、尊ぶべき葡萄畑を讃えられるというのは、素敵なことです。持てるものすべてを葡萄に与えた土地、その地で生まれたワインを味わうことは、心にも体にもよい——と私は信じています。それほど念入りに計画しなくても、産地を巡礼する旅には驚きがあるのです。貯蔵室のぼんやりした明かりの中で、若いワインを——夏の夕立にあって、街道わきのほこりっぽい田舎家の地下で、開けたばかりのアンジェ産のワインを試します。もしくは、古い貯蔵室の中で、価値を知られることなく忘れ去られていた、思わずわくわくするような残りものに出会う……。私はフランシュ・コンテのそんな貯蔵室から、博物館で強盗を働いたかのように急いで逃げたことがあります。小さな村の広場で、オークションにかけられた壊れかけの家具の中には、化粧台や鉄の寝台の枠、空き瓶などに混じって、中身が入ったままの瓶を6本、見つけました。私がまだ若かったころのことですが、傲慢で激しく、危険なところのある女たらしのようなプリンスと出会ったのです。ジュランソン。この6本は、どんな教師よりもみごとに、私に産地への興味を抱かせてくれました。確かに、地理学は誰にとっても簡単というわけではありませんもの。そして、私たちは宿の天井の低い居間で、このみごとなワインを飲みました。とても暗かったので、ワインの色もよくわかりませんでした。あのときのことを思うと、旅先の夜、顔もわからない男性とつきあって、キスをして初めて相手の正体を知ったという思い出を大事にしている女性になったような気がしてくるのです。

最近は一部の宿屋で俗物的な美食主義の傾向がみえるようですね。これまでにはなかったような宿屋ですが。そういうところは、ワインを崇めています。さまざまなカクテルや体に悪いアペリティフ、元気を奪うようなスピリッツでおかしくなった口は、これまでまちがった啓蒙をしてきたと告解するのでしょうか。そう祈りたいものです。私は老境にさしかかっていますが、本物のワインで保ってきた、飽くことのない健康な胃袋と、役に立つ肝臓、敏感な味覚の見本にはなります。それでは、とっておきの美酒をこのグラスに満たしましょう。まじりけのないすばらしいワインをあなた自身で味わってください。偉大なるブルゴーニュの先祖の赤い炎に、イケムのトパーズに、ときには藤色を帯びた、菫の香りのボルドーに……。

　あなたの華奢なグラスを私の分厚いゴブレットにカチンと合わせれば、あなたの身のうちに存在する無情な食料係に負ける貧弱なシェフも、私のいうことを理解するでしょう。ご存知ですね——人生には若さをありがたがる時期があるけれど——南の地方へ行けば私のために柳のかごに入った大きな瓶が、何本も保存されているということを。ヴィンテージが満たされては、からになっていきます。あなたがたはすばらしいボトルを貯蔵しているのですから、こうしたはかない命のワインを見下してはなりません。それらはきりっとした辛口で変化に富み、喉から胃袋まで、とどまることなくそっと滑り落ちていきます。ここではワインの質がいいかぎり、蒸し暑い日でも気になりません。すばらしいワインを飲めば、元気が戻ってくるから。そして、あとにはマスカットとシダー材の風味が残るのです。

［上記の文章は、筆者のマダム・コレットと、著作権を有するメゾン・ニコラの好意により、許可を得て翻訳した。］

St. Estèphe

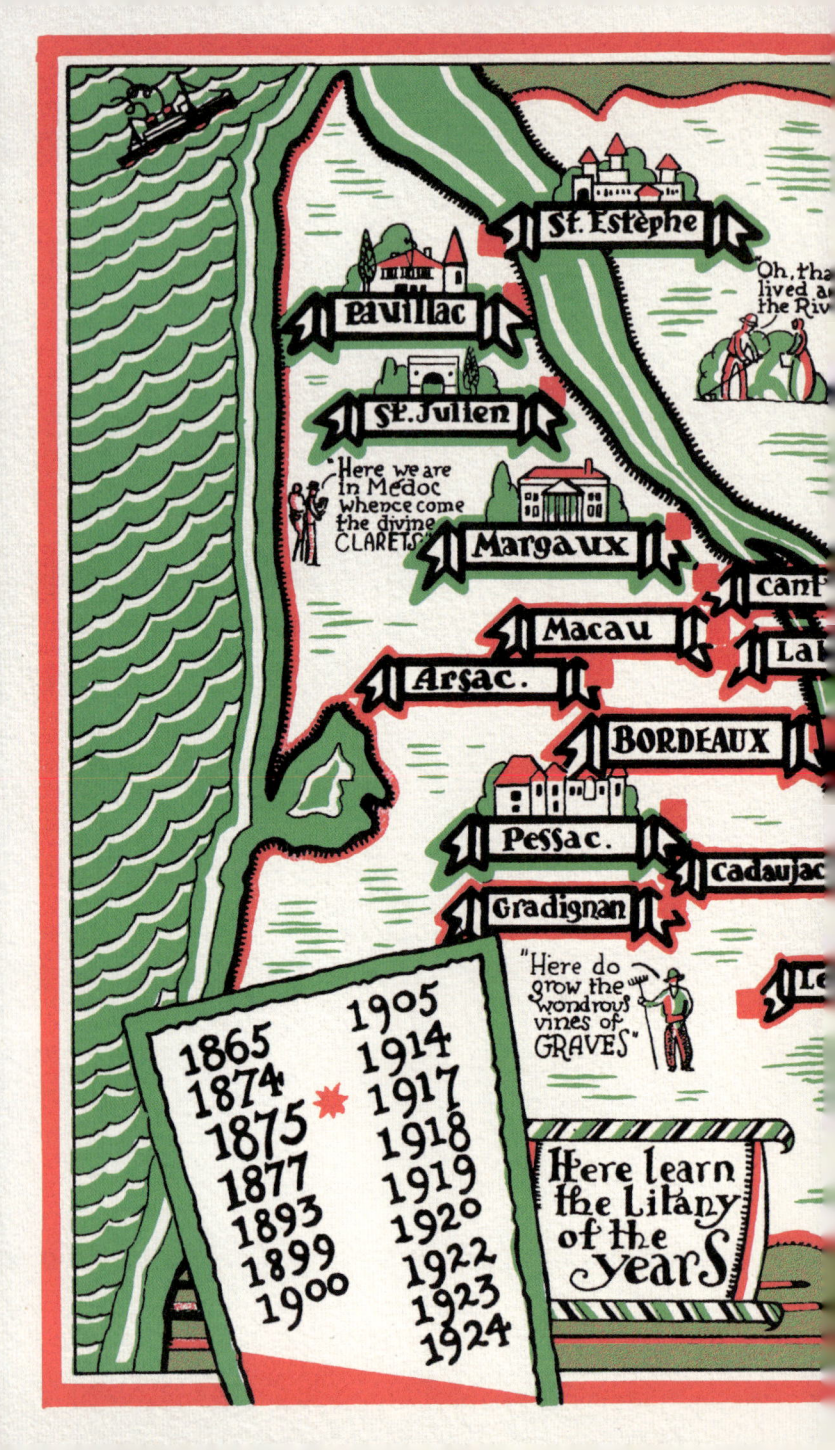

Oh, tha[t] lived a[t] the Riv[er]

Pauillac

St. Julien

"Here we are in Médoc whence come the divine CLARETS"

Margaux

cant[enac]

Macau

La[...]

Arsac

BORDEAUX

Pessac

Cadaujac

Gradignan

"Here do grow the wondrous vines of GRAVES"

Le[...]

1865	1905
1874	1914
1875 ✹	1917
1877	1918
1893	1919
1899	1920
1900	1922
	1923
	1924

Here learn the Litany of the years

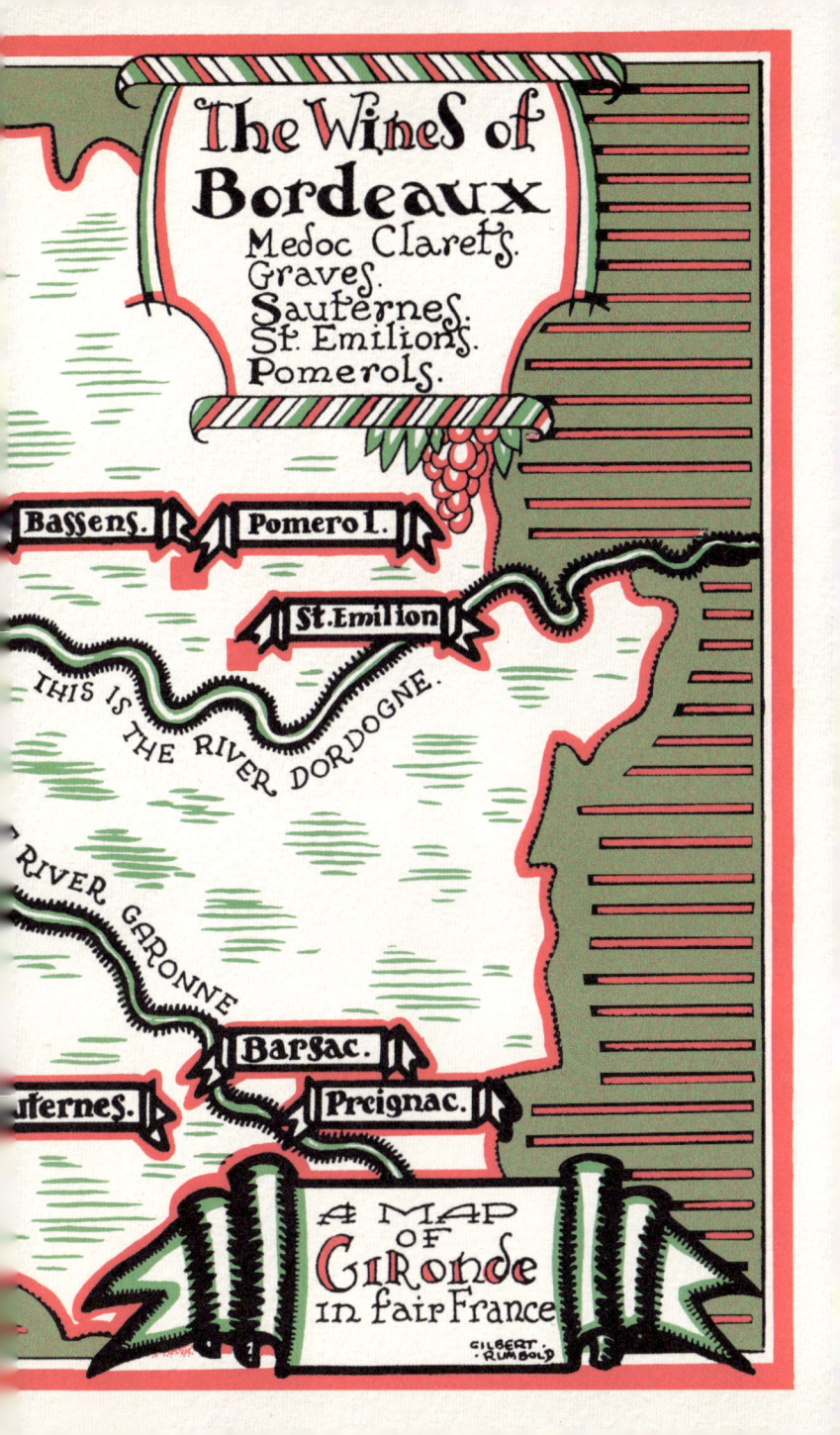

The Wines of Bordeaux
Medoc Clarets.
Graves.
Sauternes.
St. Emilions.
Pomerols.

Bassens. — Pomerol.

St. Emilion

THIS IS THE RIVER DORDOGNE.

RIVER GARONNE

Barsac.
Sauternes. — Preignac.

A MAP OF GIRONDE in fair France

GILBERT RUMBOLD

ボルドーのワイン

　フランス・ワインの栄えあるリストの筆頭は、まちがいなくジロンド県の輝かしくも格付けされたシャトーのものだ。そこではボルドーの古い街が君臨している。通に愛されている見事なメドックのクラレットの「格付け品」、グラーヴの赤と白、ソーテルヌ、サンテミリオン、特別なポムロールなどがあげられる。それぞれの個性や等級がわかるように、これらのワインを順番に取りあげよう。

BORDEAUX

クラレットの分類

　世界中で造られているすばらしいワインのなかでも、シャンパンを除けば、メドックのクラレットの「格付け品」が際立っている。とくに「品質証明」——『Mis en bouteilles au Chateau（シャトー元詰め）』——とラベルに書いてあるものがよい。
　したがって、さまざまな「格付け」に関して実際に説明する前に、ここで少し、この非常に大切な言葉の正しい意味を確かめておきたい。そうすれば、なぜそのようなラベルがクラレット通に重視されるのか、わかるはずだ。
　偉大なクラレットの歴史のなかで、もっとも重要な転機は1846年にさかのぼる。「シャトー元詰め」が始まった年だ。それまでジロンドの有名シャトーは、ヴィンテージを大量に大手販売業者へ売り、瓶詰めの作業は業者にゆだねていた。しかしこの年、有名なシャトー・ラフィットが、ヴィンテージを瓶詰めする特権を獲得し、すくなくとも一部が実際にシャトー内で瓶詰めされた。このようにしてワインの醸造元が証明されるようになり、その結果、「品質証明」がたいへん重んじられるようになったことは、すぐにわかってもらえるだろう。それ以降、ほかのシャトーもこの方法を採用するようになり、現代まで多くの「選ばれたもの」が、「シャトー元詰め」の特権を使うことを認められた。そういうわけで、ジロンド県のワインの頂点に立つものとして、クラレットは高く評価されており、通がうっとりしながらよく口にする名前となっているのである。
　オー・メドックの62種の赤ワイン、つまりクラレットは、1級から5級に「格付け」されている。これは1855年に専門家の組合によって決定され、それ以来、使われている分類法だ。この分類はワイン

の「品質のよさ」と力強さをしめすものと考えてよく、アルコール含有率が高いものから低いものへと分類されている。だが4級や5級だからといって、上級のワインより質が落ちるわけではない。4級や5級のワインの多くは、上級と同じくらい洗練されている。

シャトー・オー・ブリオンを除いて、フランス産のワインで有名なもののほとんどは、オー・メドックで造られている。

メドックには、キリスト教の国々で知られている5つのもっとも重要なコミュンヌ（村）がある。ポイヤック、カントナック、マルゴー、サン・ジュリアン、サン・テステフだ。その下に、サン・ローラン、ラバルド、リュドン、アルザック、マコーの5つの村が続く。これら10の村で、62種のクリュ・クラッセが造られている。

1級

四大クラレット

シャトー	村
シャトー・ラフィット	ポイヤック
シャトー・マルゴー	マルゴー
シャトー・ラトゥール	ポイヤック
シャトー・オー・ブリオン	ペサック

BORDEAUX

2級

シャトー	村
ムートン・ロートシルト	ポイヤック
ローザン・セグラ	マルゴー
ローザン・ガシー	マルゴー
レオヴィル・ラス・カーズ	サン・ジュリアン
レオヴィル・ポワフェレ	サン・ジュリアン
レオヴィル・バルトン	サン・ジュリアン
デュルフォール・ヴィヴァン	マルゴー
ラスコンブ	マルゴー
グリュオー・ラローズ・フォール	サン・ジュリアン
グリュオー・ラローズ・サルジェ	サン・ジュリアン
ブラーヌ・カントナック	カントナック
ピション・ロングヴィル	ポイヤック
ピション・ラランド	ポイヤック
デュクリュ・ボーカイユ	サン・ジュリアン
コス・デストゥルネル	サン・テステフ
モンローズ	サン・テステフ

3級

シャトー	村
キルヴァン	カントナック
ディッサン	カントナック
ラグランジュ	サン・ジュリアン
ランゴア・バルトン	サン・ジュリアン
ジスクール	ラバルド
ブラウン・カントナック	カントナック
マレスコ・サン・テグジュペリ	マルゴー
パルメ	マルゴー
ラ・ラギューヌ	リュドン
デミライユ	マルゴー
カロン・セギュール	サン・テステフ
フェリエール	マルゴー
マルキ・ダレーム・ベッカー	マルゴー

BORDEAUX

4級

シャトー	村
サン・ピエール・ボンタン	サン・ジュリアン
サン・ピエール・セヴェストル	サン・ジュリアン
ブラネール・デュクリュ	サン・ジュリアン
タルボ	サン・ジュリアン
デュアール・ミロン	ポイヤック
プージェ	カントナック
ラ・トゥール・カルネ	サン・ローラン
ラフォン・ロシェ	サン・テステフ
ベイシュヴェル	サン・ジュリアン
ル・プリュレ	カントナック
マルキ・ド・テルム	マルゴー

5級

シャトー	村
ポンテ・カネ	ポイヤック
バタイェ	ポイヤック
グラン・ピュイ・ラコスト	ポイヤック
グラン・ピュイ・デュカス	ポイヤック
ランシュ・バージュ	ポイヤック
ランシュ・ムーサ	ポイヤック
ドーザック	ラバルド
ムートン・ダルマイヤック	ポイヤック
デュ・テルトル	アルザック
オー・バージュ	ポイヤック
ペデクロー	ポイヤック
ベルグラーヴ	サン・ローラン
カマンサック	サン・ローラン
コス・ラボリ	サン・テステフ
クレール・ミロン	ポイヤック
クロワゼ・バージュ	ポイヤック
カントメルル	マコー

BORDEAUX

過去60年間における、とくに優れたクラレットのヴィンテージと、おもな特徴

1865 　すばらしい当たり年。
1870 　当たり年。ずっと入手が困難だが、いまでも多くの通が探している。
1874 　当たり年。
1875 　おそらくオー・メドックにおける最良のヴィンテージ。この年のワインは、いささか疲れてきたが、いまでも非常に興味深い。いくつかのワイン・リストの中に、数本が残っている。
1877 　当たり年。
1893 　優れた当たり年。
1899 　すばらしい当たり年。1875年以降で最良。丸く豊かで、見事な香り。オー・メドックのワインで最高の品質。
1900 　見事なワインが揃った。1899年にくらべれば、コクは足りないけれど甘い。すばらしいヴィンテージ。
1905 　甘く申し分のないブーケをもつよいワインが揃った。
1914 　堅実なよいワインが揃った。すばらしい色、こく、丸い風味。名高い1900年にも似た、非常によいヴィンテージ。
1917 　当たり年。なめらかで繊細、血統のよいワインが揃った。おもな特徴として、好ましさがあげられる。価格も手頃。
1918 　当たり年。さらに進歩し、豊かなコク、やわらかい舌触りをもつきれいなワインが揃った。
1919 　非常によい。健康で魅力的、豊かなコク。
1920 　よく育った。血統がよく、上品で繊細、すばらしいコク。元の固さが取れた。
1922 　豊作。当たり年。
1923 　当たり年。
1924 　すばらしいヴィンテージ。上級ワインのなかには、申し分のないものがある。

メドックのクラレットの「巨人」
4種の1級品

シャトー・ラフィット
　優雅な香りと豊かな風味。最初の「シャトー元詰め」のラフィットは、1846年までさかのぼる。

シャトー・マルゴー
　これらの欠点のないワインのなかで、もっとも繊細。しばしばシダー材の香りにも例えられる、独特で個性的な風味をもつ。味覚を柔らかく刺激する、なめらかで心を楽しませてくれるワインだ。本物のシャトー・マルゴーなら、マルゴーで造られている他の高級なワインと区別されている。卓越したヴィンテージは、1899年、1900年、1904年、1911年、1914年、1917年、1918年、1920年。シャトー・マルゴーがシャトー元詰めを始めたのは、1847年だ。

シャトー・ラトゥール

　すばらしい芳香をもつ見事なワイン。特筆すべきは、その格別に微妙なコクだ。保存しておいても質の劣化があまりない。瓶の中で熟成し、何年ももつ。シャトー・ラトゥールのヴィンテージは、1858年、1862年、1864年、1865年、1868年、1869年、1870年、1875年、1877年、1878年。もっと最近だと、1920年が突出している。

シャトー・オー・ブリオン

　美しい色、優雅な芳香、すばらしい風味が特徴のワイン。興味深いことに、1900以前のオー・ブリオンのシャトー元詰めは、ラベルをつけずに「同業者」に配られていた。この年以降のヴィンテージには、シャトーのしるしがコルクと口金についているが、下のラベルが使われるようになったのは1904年だ。この年からは、すべてのボトルに貼られている。

BORDEAUX

グラーヴの赤

　ボルドー南部の葡萄畑の広がる地方はグラーヴという名で知られ、じつに見事なワインを赤と白ともに豊富に生産している。もともと、品質においては傑出していた。したがって、目的が混乱するのを防ぐために、白ワインの格付けでは、たいていのグラーヴの白は「格付け品」で（メドックのクラレットと似たような方法で）、その名のもとで取り引きされていることを言っておかなければならない。ここでは、グラーヴの赤のみをとりあげ、多くのシャトーを代表する、選り抜きの格付け品のリストを付け加える。もうひとつ、決してグラーヴをソーテルヌと混同してはならない。ワインリストの中では、「ボルドーの白」の欄に一緒に載っていることが多い。

BORDEAUX

グラーヴの赤

シャトー	村
ラ・ミッション・オー・ブリオン	ペサック
パプ・クレマン	ペサック
カンポナック（1級）	ペサック
ボネール（1級）	メリニャック
ド・ムルラン	グラディニャン
ド・ローランザン	グラディニャン
オー・バイィ	レオニャン
オリヴィエ（1級）	レオニャン
デュ・ボスコー	カドージャック
ラリヴェ・オー・ブリオン	レオニャン
ド・シュヴァリエ	レオニャン
カルボーニュ	レオニャン
スミス・オー・ラフィット	マルティヤック

BORDEAUX

サンテミリオン

　サンテミリオン村は、その名を冠したすばらしい赤ワインを産出することで世界中に知られている。1889年以来、サンテミリオンのプルミエ・クリュ（1級）はほとんど例外なく元詰めとなり、その結果、またたくまに信頼が高まって需要が伸びていった。たとえばシャトー・オーゾンヌは、メドックの4種の1級と張り合うほどで、「プルミエ・デ・グラン・クリュ・ド・サンテミリオン（サンテミリオンの第1特別級）」という格付けがされると、メドックの1級より高値がつくことも多い。

　サンテミリオンのクラレットには際立った特徴がある。メドックやグラーヴのワインとはまったくちがうし、誤って比較されることもあるブルゴーニュのものとも、まるっきり別物だ。「ヴァン・ド・コート（丘のワイン）」の特徴がもっともよく表現されている。コクがあり、美しい色と心地よい芳香をもっている。サンテミリオンのワインで最良のものは、深い暗赤色をしている。飲むと口が軽くなるというのが、「ボン・ヴァン・ド・サンテミリオン（サンテミリオンのよいワイン）」の性質のひとつだといわれている——le vin parle et fait parler——**ワインがしゃべり、しゃべらせるのだ。**

　以下に、注目すべき格付けをしるす。

シャトー

オーゾンヌ
マグドレーヌ
カノン・ラ・ガフリエール

シャトー

ベレール
ボーセジュール
フォンプレガード
ル・キュレ・ボン

BORDEAUX

シャトー
パヴィ
バロー
ベルリケ
クーテ
トロワ・ムーラン
ベルヴュ
プティ・フォル・ド・スタール
バラ・サン・ジョルジュ
ジャン・デュ・メーヌ
クロ・ゾ・シマール
シュヴァル・ブラン

シャトー
ヴィルモリンヌ
ラロゼ
ラ・クロジェール
グラン・ポンテ
フラン・メーヌ
ラ・ガフリエール・ノーデ
ドメーヌ・ド・グラン・フォル
クロ・デ・ジャコバン
クロ・フルテ
フィジャック

ポムロール

　偉大なワインのなかでも、ポムロール地区で造られている美しい赤ワインは、もっと有名になってもいいほどの価値がある。最上のポムロールなら、豊かなコクとほんとうに見事な芳香をもつ。非常に優れた地質の土壌が幸運な調和をもたらし、ワインを開花させている。ポムロールは「ブーケ・ド・ラ・トリュフ（トリュフの芳香）」をもっているといわれている。
　最上級のものをいくつかしるす。

シャトー・ペトリュース
シャトー・トロタノワ
シャトー・ネナン
シャトー・ラカバンヌ
シャトー・ムーラン・ア・ヴァン・ド・ラヴォー
シャトー・ド・サル
シャトー・ルーション

格付け白ワイン

　ジロンド県でもっとも優れた白ワインは、ソーテルヌとバルザックという地区で産出されている。有名なメドックのクラレットと同じく、これらの白ワインも等級で「格付け」されている。また、同じく最高級品はシャトー元詰めの習慣になっている。
　優れた白ワインの大半は、グラーヴの葡萄畑から造られるが、この地域では赤ワインの生産量のほうがはるかに多い。逆に、ソーテルヌ地区はもっぱら、**すばらしく風味のよい白ワインによってその名を知られている**。11もの村で生産されているメドックのワインとちがい、偉大な白ワインはたった5つの村で造られる。ソーテルヌ、バルザック、ボンム、プレニャック、ファルグだ。この地区の土壌は、

BORDEAUX

とりわけ最高の白ワインを造るのに適しているが、興味深いことに、ここのワイン造りにはもうひとつの要素がある。最高のワインには、ソーテルヌの白葡萄がすくなくとも2種類、ときには3種類使われる。それらの葡萄は、表面に皺が寄るほど熟しすぎるまでは十分に熟したと考えられず、収穫されない。**プリチュール（腐臭）**と呼ばれる、薄い「かび臭さ」をまとってからでなければ、実を摘み取らないのだ。この点がまちがいなく、最終的にすばらしい芳香をもったワインにすることに、大いに関係しているにちがいない。

　次に最高級のもののリストをあげる。

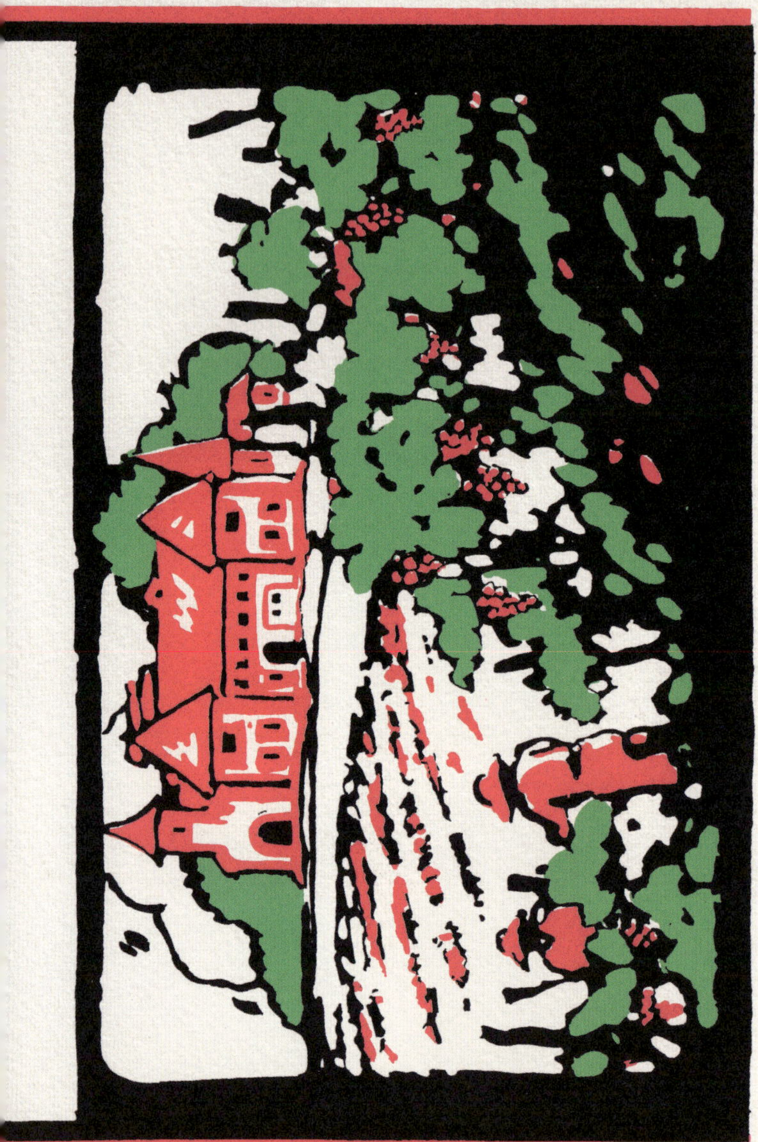

BORDEAUX

特別1級

シャトー	村
ディケム	ソーテルヌ

第1級

ラ・トゥール・ブランシュ	ボンム
ペラゲイ	ボンム
ラフォリー・ペラゲイ	ボンム
ド・レーヌ・ヴィニョー	ボンム
ド・スデュイロー	プレニャック
クーテ	バルザック
クリマン	バルザック
ギロー	ソーテルヌ
リューセック	ファルグ
ラボー・プロミ	ボンム
シガラ・ラボー	ボンム

第2級

ド・ミラ	バルザック
ドワジイ	バルザック
ダルシュ	ソーテルヌ
フィロー	ソーテルヌ
ブルーステ・ネイラック	バルザック
カイユ	バルザック
シュオー	バルザック
ド・マル	プレニャック
ラモット	ソーテルヌ
ラ・モンターニュ	プレニャック

Here is a map of the Champagne Country

- Sac[...]
- Venteul.
- Damery
- Cumiere[s]
- Boursault
- Clos l'Abbé
- Vinay
- Pierry
- Cuis

The River Vesle

Rheims

Verzenay

Rilly

Ay

Épernay

The River Marne

Avise

Cramant

Mesnil s/Oger

シャンパーニュ

「チャールズ王！ チャールズ王！」

　なんといっても「陽気な君主」こそ、軽く優雅にきらめく高価なシャンパーニュのワインをイングランドに紹介した人物にふさわしい。ヨーロッパ中に知れ渡った富と洗練の象徴たる宮廷で、彼は王にふさわしい贅沢さと華やかさ、そして当時のきらめくような知性を表現する「一流のワイン」を探した。そして、シャンパーニュに見つけたのだ。*

---

*ご自分のワインをいつもフランスから輸入していたチェスターフィールド卿に、この乾杯の言葉を。おそらく、当時の宮廷ではこう言われていたのではないだろうか。「私にシャンパンを。なみなみと注いでくれ。愛すべききみたちに、この満杯の酒で乾杯しよう！」

CHAMPAGNE

　そうだとすると、シャンパンの歴史が禁欲的な時代に始まったと考えるべきではない。たしかに、その輝かしい歴史は紀元後1世紀にまでさかのぼる。そのころ、「ガリアのうまいワイン」を守ろうとしたローマ帝国が、ラインの有名な葡萄畑を調べてトウモロコシ畑に変えるように命じたという記録がある。それから遅れること200年、ローマ軍兵士は葡萄畑のある地方に移住し、繁栄をきわめたものの、1914年、敵国の砲弾と連合国軍の塹壕によって、貴重な葡萄畑はふたたび荒れ果てた地となってしまった。大戦と同時に、ネアブラムシという小さな昆虫の害が蔓延し、シャンパン産業はかつてないほど大きな危機に陥った。不幸なことに残酷な運命を紡ぎ出す糸車は、全世界で唯一シャンパンを造っている、このどちらかといえば狭い地域を、激戦地における戦略上の重要地点に変え、有名な葡萄畑の多くに醜い塹壕の傷が焼きついた。このため、葡萄の移植は途方もなく困難な仕事だったが、戦闘が終わりしだい、偉大な栽培者が取りかかることになった。彼が成功し、いまいちど、堂々として由緒ある名前が本来の地位を取り戻し、戦後のヴィンテージの筆頭となったことは、フランスらしい不屈の意志の証明にほかならない。このことをすっかり理解すれば、シャンパンがすばらしい品質を保っているのは、数種の葡萄の樹から取れる果実を入念にブレンドしているからだということの説明がつく。その葡萄の樹は、信じられないほどの手間と愛情をかけ、じっくりと時間をかけなければ、きちんと実をつけないのである。

　17世紀、さまざまな畑の葡萄を組み合わせることを初めて実践し、実際に瓶の中でみずみずしい泡を作ると同時にワインを透明にする正確な方法を考えたのは、オーヴィレール修道院のワイン貯蔵室長、ドン・ペリニョンだ。忘れてはならないのが、ワインを瓶詰めにするためにコルクの栓を使うことを考え出したのも彼だということで

CHAMPAGNE

ある。それ以来、彼の方法は何度か改良を加えられながら利用されている。

　ここでシャンパンについて学ぶとすれば、第一に、本物のシャンパンはランス郊外の厳密に定められた地区でしか作ってはいけないことを知らなければならない。この地方の葡萄畑がすべてシャンパンを造っているわけではないのだ。シャンパンは非常に厳しい条件の土地で生まれるワインであり、この地区の限られた数の葡萄畑のみが、完璧なブレンドに欠かせない特別な品質の葡萄を作るために必要な土壌、地理的な位置、日照時間などを有すると考えられている。シャンパンが大いなる名声を得たのも、おもにこの点に支えられてのことであり、いまでは厳しい法律が布かれて、これを守っている。

　シャンパンを正しく評価する方法を学ぶ前に、主要な原理に基づいてどのように造られるのか、その過程を知っておくべきだ。難しいことではない。さまざまな畑から収穫した葡萄を綿密にブレンドすることはすでに述べた。これが第一段階で、普通は9月下旬の収穫期におこなわれる。新鮮な葡萄の房はすべて、シャンパーニュ地区特有の、表面の広い特別な圧搾機で押しつぶされ、とりわけていねいに赤い皮のかすをとりのぞき、シャンパンが「汚れる」のを防ぐ。最初に圧搾したものだけが、最上のシャンパンを造るのに使われる。圧搾機の受け皿に残った大量のつぶされた葡萄（最初の果汁を絞ったあとのもの）に、ふたたび圧力をかけて「ドゥージエム・タイユ（2番絞り）」といわれる果汁を絞る。この「ドゥージエム・タイユ」から、安価なシャンパンが造られる。

CHAMPAGNE

　「マスト（葡萄液）」といわれる1番搾汁を大きな桶に流し込み、すくなくとも2日間は寝かせておく。それから樽に詰め、不純物などを沈殿させて取り除く。ここから「マスト」の自然発酵が始まる。マストに含まれた糖分がアルコールに変わり、炭酸ガスが発生し、さらに「リース（澱）」と呼ばれる沈殿物がたまりはじめる。気温が低くなる12月には、普通は発酵が止まる。早めの寒波に見舞われるか、冬の到来が遅くなるかで、最終的なシャンパンの出来は極端に変わってくる。実のところ、この「最終的な」シャンパンという言い方は、あまり正確ではないかもしれない。この段階のシャンパンの味が非常によいと考える人が、少なからずいるからだ。「自然の」シャンパンというときには、醸造の過程におけるこの時期のシャンパンを指している。この「自然の」シャンパンは、発酵が完了していないので、やはり不純物が混ざっている。そして気候が暖かくなると、以上の過程がふたたび始まる。

　ところが、大半のシャンパンはさらに何段階かの過程を経て、ようやく外の世界に、そして幸運な消費者のもとに届くのだ。

　4月が終わるころになると、大半のシャンパンは瓶に詰められ、製造業者の広大な地下の貯蔵庫に寝かされる。このとき、最終的に売りに出るときに格調高く「装飾する」ことになる瓶に、直接詰められることを知っておかなければならない。その後のシャンパンの浄化と再発酵は、完全に瓶の中で続いていく。瓶は丈夫に作られており、7から8気圧に達することもある圧力を受けても耐えられるようになっている。瓶の中は澱がこびりつくことのないように、完璧になめらかでなくてはならない。

CHAMPAGNE

　瓶にシャンパンを詰めたら、今度は「ドローイング・コルク」と呼ばれる特殊なコルクでしっかりと栓をする。お気づきのように、このコルクは、私たちのよく知っている、最終的に使われる「出荷用コルク」では**ない**。こちらが使われるのはもっとあとだ。次の大切な段階は、瓶から不純物を取り除いてシャンパンを透明にするために、たまっていく澱を集めることだ。この作業は「デスク」と呼ばれる特有の棚に瓶を置いておこなう。まず、コルクを下向きにして、瓶を50度から60度の角度で傾けて棚の上に置く。そして相当な期間をかけて、毎日1本1本の瓶を独特なやり方ですばやくひねって回していく。回すごとに、瓶は少しずつ垂直に近づくように置かれる。いうまでもなく、こうするのは澱をコルクの上に集めるためで、最後に瓶が完全に垂直に立って「直立完了」と呼ばれる状態になったら、澱の付着したコルクを抜く「デゴルジュマン」という作業にかかる。このために、十分にシャンパンを冷却して瓶の首の部分をしっかりと凍らせ、シャンパンを1滴もこぼさずに、澱の付着したコルクを抜けるようにする。
　次は「糖分添加」と呼ばれる作業。この作業の内容は、高品質のワインに純粋な蔗糖の固

CHAMPAGNE

まりを溶かし、できたリキュールを「非常に辛口」「ドラポー・アメリケン」「辛口」「デミ・セック」「グー・フランセ」(甘口)といった規格にあわせた割合で加えることだ。

これで「出荷用コルク」で瓶に栓をする準備が整った。このコルクをつけて、やがて売り出されるのだ。非常に古いことが確かであるはずの高級な銘柄のシャンパンをあけたときに、コルクがずいぶん新しいと気づいて不思議に思う人は多い。先の説明で、このようなことが起こりうることは、おわかりいただけるだろう。これはたんに、そのシャンパンが売り出される直前まで「浄化」されていなかっただけにすぎず、よくあることなのだ。このコルクに関する疑問をとりあげたついでに、コルクは必ず中のシャンパンに触れていなければならないことを言っておかなくてはならない。だから、瓶を貯蔵するあいだずっと口を下にしておくのである。

これでシャンパンを造る特殊な方法について、ある程度はおわかりいただけただろうから、どうしたらまちがいなく本物のシャンパンを買うことができるか説明しよう。この方法を知っておかなければならないのは、昔から買い手に本物のシャンパンであると思わせるようなワ

CHAMPAGNE

インを市場に出そうと、さまざまな試みがなされているからだ。実のところ、それらはスパークリング・ワインというべきもので、本物のシャンパンと同じ方法で造られているとしても、シャンパーニュ地区と認められた場所で造られてはいない。フランスの法律はこの点にとりわけ厳しく、**樽詰めにされてランスから出荷されたワイン**には、「シャンパン」という呼称を使う権利がないと定めているほどだ。したがって、正当に「シャンパン」という名を使うことができる世界でただひとつのワインは、法律でシャンパーニュ地区と定められた地域で収穫された葡萄を使い、そこで実際に瓶詰めされたものだけである。本物のシャンパンを詰めた瓶には、必ずラベルの上部に大きな文字で"Champagne"とあるほか、瓶の口の内側のコルクにもこの文字が記されている。先ほど述べたように、多くのスパークリング・ワインの製造者が、"Vins Champagnisés"といった言葉をラベルに載せ、この厳密な規則を逃れている。1927年に制定された法律によって、この特定の言葉を使用することは違法となった。

あいにく、シャンパンの瓶の独特な形や「装飾」は、まったく法によって保護されなかったので、偽物を節操なく簡単に作ることができた。

もっと巧妙な偽物が、シャンパーニュ地区と認められた場所で実際にワインを造っている業者によって出まわることがある。

たいてい、このような偽物のラベルには、この地域にあると知られている町の名前が記されているが、"Champagne"という文字がラベルとコルクになければ、絶対に本物と認めてはならない。

過去50年間でシャンパンのヴィンテージ年と認められているのは、1874年、1884年、1889年、1892年、1893年、1900年、1904年、1906年、1911年、1913年、1919年、1920年、1921年だ。

CHAMPAGNE

ここに、偉大なシャンパン製造業者の名前を挙げておこう。
その名のもとでシャンパンが売られている。

アヤラ・エ・シー、アイ
ビネ（ヴーヴ）・フィス・エ・シー、ランス
J. ボランジェ、アイ
クリコ・ポンサルダン（ヴーヴ）、ランス
デルベック・エ・シー、ランス
ド・サント・マルソー、ランス
ドゥーツ・エ・ゲルデルマン、アイ
デュミニー・エ・シー、アイ
グレ（ヴーヴ）・ジョルジュ・エ・シー、ランス
エイドシック・エ・シー
　　（モノポールとドライ・モノポール）、ランス
シャルル・エイドシック、ランス
イロワ・エ・シー、ランス
クリュック・エ・シー、ランス
J. ランソン、リリー・ラ・モンタージュとランス
モエ・エ・シャンドン、エペルネ
モントベロ（デュック・ド）、マルイユ・シュール・アイ
マム（G. H.）、ランス
ペリエ・ジュエ・エ・シー、エペルネ
パイパー・エイドシック、ランス
ポール・ロジェ・エ・シー、エペルネ
ポメリー・エ・グレノ、ランス
ルイ・ロデレール、ランス
リュイナール・ペール・エ・フィス、ランス

Here is YONNE

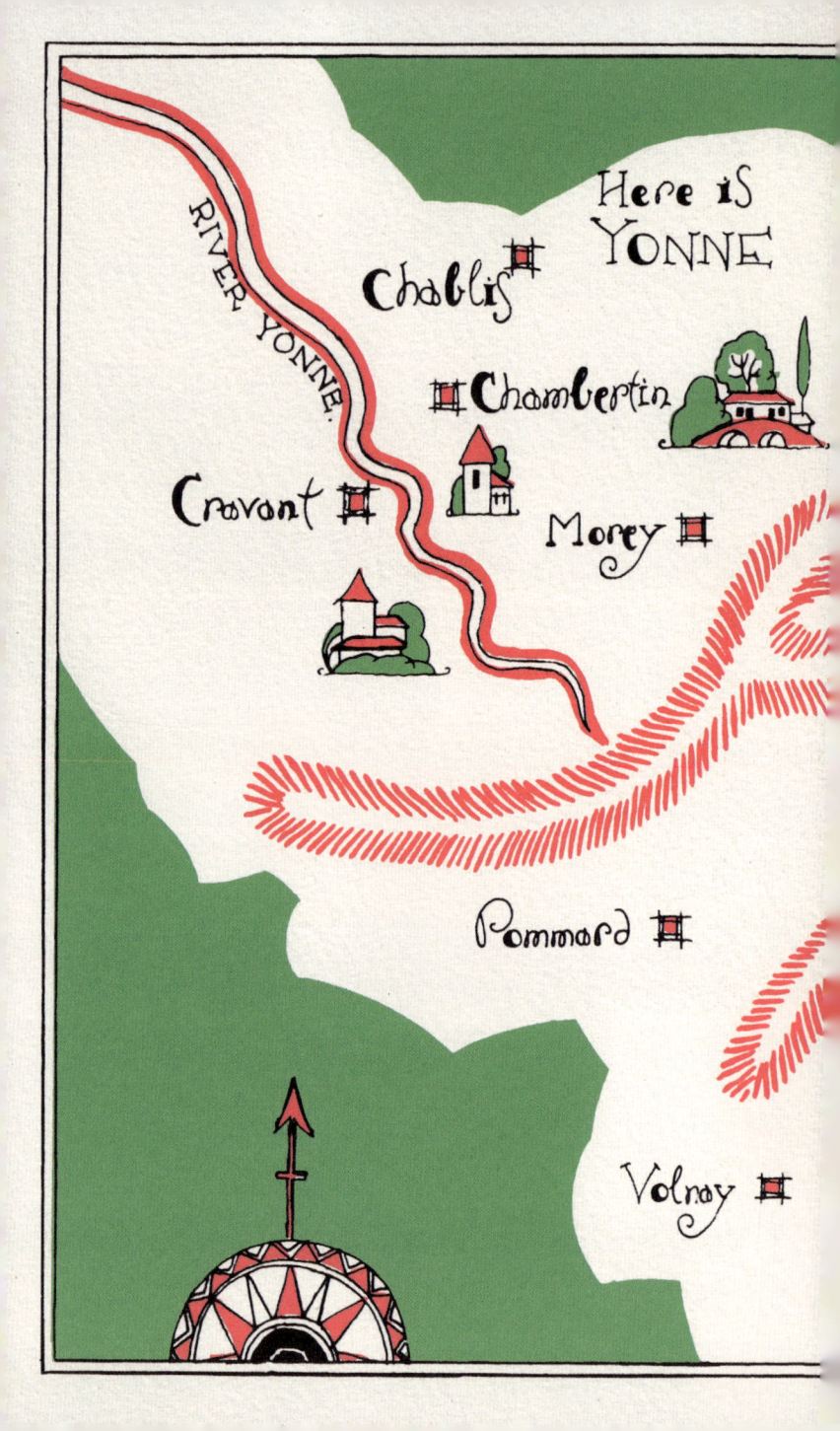

RIVER YONNE

Chablis

Chambertin

Cravant

Morey

Pommard

Volnay

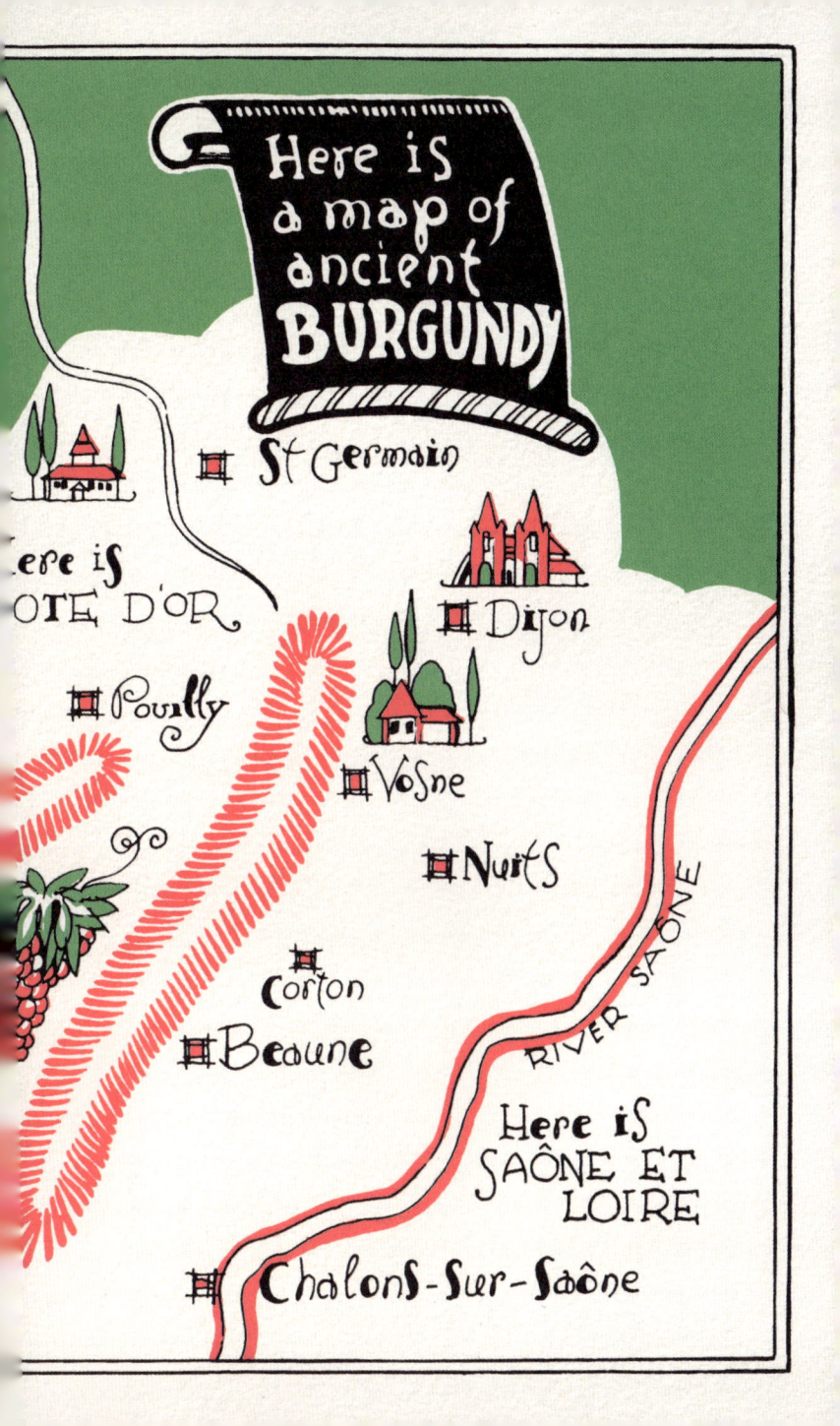

Here is a map of ancient BURGUNDY

- St Germain
- Here is CÔTE D'OR
- Pouilly
- Dijon
- Vosne
- Nuits
- Corton
- Beaune
- Here is SAÔNE ET LOIRE
- Chalons-Sur-Saône

RIVER SAÔNE

ブルゴーニュ

　記念すべき1512年、輝かしきフランス国王ルイ12世は、スコットランド王ジェイムズ4世に抜け目なく（そして、快くと考えたいが）、贈り物をしようと考えた。特別な贈り物がいい。もちろん、堂々たる王の儀礼にふさわしいものでなくてはならない。したがって、ルイ王がこのような事情のもと、美しく彩色を施された船に、昔ながらのブルゴーニュ地方の美味なるワインを詰めた大樽を満載させ、トウィード川の北へ送り、初めてイギリス諸島にブルゴーニュの赤い血をもたらしたと知っても、それほど驚くことではない。

BURGUNDY

　このすばらしい祝いの品が贈られて以来、ブルゴーニュのヴィンテージ・ワインは、あらゆる文明社会でおそらくシャンパンに次ぐ名声を得た。古くからのブルゴーニュ地方は、フランス革命の混乱によって過去のものとなったが、名誉ある葡萄畑は生き続けている。フランスの地図を見ていただきたい。東側の国境近くに、次のような5つの「デパルトマン（県）」の名前があるはずだ。コート・ドール、ソーヌ・エ・ロワール、ヨンヌ、アン、オーブ。ブルゴーニュと呼ばれている見事な赤や白のワインが生産されているのは、これらの地域、とくにコート・ドール県だ。この範囲の外で造られるワインは、正式にブルゴーニュと呼ぶことは許されていない。もっとも、法律はたしかにシャンパーニュほどこの点について厳しく規制していな

BURGUNDY

い。だが、シャンパンと同じく、本物のブルゴーニュは、先ほどあげた地域にのみ見られる特有の条件のもと、特定の土壌で育った特定の葡萄から造られる。また、ほんとうのブルゴーニュは、シャンパンやクラレットよりも正確な生産地を確かめるのが難しい方法で流通している。たとえば、シャトー元詰めのクラレットを買えば、そのワインは実際にシャトーの畑から収穫された葡萄のみを使って、ていねいに造られたものと確信してもまちがいない。ブルゴーニュの場合は、これらの事情が根本的に異なる。というのは、ひとつの有名な名前をもつ偉大な葡萄畑が、おそらく同じように高名な村にあり、10人以上の所有者や醸造者によって分割され、それぞれが独自の方法でワインを造り、それぞれの銘柄のラベルをもっているからだ。それでも、ワインは葡萄畑の名前で売られることになるので、好みにぴったり合うブルゴーニュを選ぶには、玄人でも最新の注意を払わなければならない。

　ブルゴーニュの生産量がもっとも多い「デパルトマン」であるコート・ドール県は、赤ワインで知られているが、それに劣らず有名なのがヨンヌ県の中央にある町、シャブリの白ワインだ。コート・ドール県は、ふたつの地域にわかれて分類されている。ひとつがコート・ド・ニュイで、もうひとつがコート・ド・ボーヌだ。コート・

BURGUNDY

ド・ニュイには、ブルゴーニュの赤ワインの最高峰、すばらしきシャンベルタンや、ロマネ・コンティ、クロ・デュ・ロワ、レ・ルナルド、そしていうまでもなくボーヌなどのワインがある。

ソーヌ・エ・ロワール県は、おもにマコン(赤)やプイイ(白)といったワインで知られている。

ひとつ憶えておいたほうがいいのは、本物のブルゴーニュなら決して甘みがないということだ。もしワインにこの「痕跡」が感じられたら、たいていの場合、明らかに二流のワインを未熟な舌においしく感じさせるために、おそらく醸造者がある時点で蔗糖を加えたと考えてよい。ブルゴーニュなら必ず柔らかく繊細な風味をもち、甘みはないと同時にそれほど「酸味」がなく辛口でもないはずで、いわばクラレットのように主張するほどの芳香ももっていない。

BURGUNDY

ブルゴーニュの赤

ブルゴーニュの赤には公式な格付けはないが、次に最高の畑を挙げる。

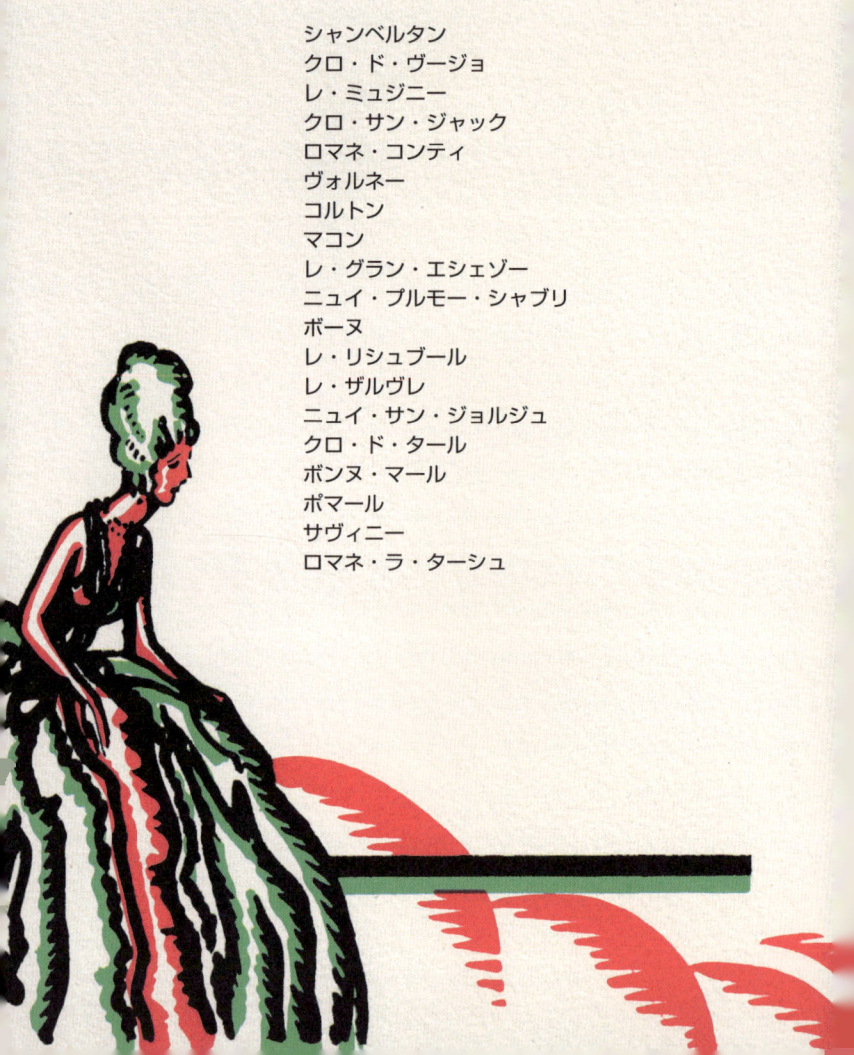

シャンベルタン
クロ・ド・ヴージョ
レ・ミュジニー
クロ・サン・ジャック
ロマネ・コンティ
ヴォルネー
コルトン
マコン
レ・グラン・エシェゾー
ニュイ・プルモー・シャブリ
ボーヌ
レ・リシュブール
レ・ザルヴレ
ニュイ・サン・ジョルジュ
クロ・ド・タール
ボンヌ・マール
ポマール
サヴィニー
ロマネ・ラ・ターシュ

BURGUNDY

シャブリ

主要な仲買人による白ワインの格付けは次の通り。

1級

ヴォーデジール　　　レ・クロ
ヴァルミュール　　　グルヌイユ
ブランショ　　　　　レ・プリューズ
ブーグロ

2級

シャプロ　　　　　　　シャタン
モンテ・ド・トネール　モンマン
モン・ド・ミリュー　　ブニョン
ヴァイヨン　　　　　　レ・フォレ
フルショーム　　　　　レ・リー
セシェ　　　　　　　　レ・ゼピノット
　　　　　　　　　　　ヴォーロラン

3級

パルギュ　　　　ビュトー
ソイヤ　　　　　ヴィエール・ヴォワ
ヴァルヴァン

Coblenz

Boppord

The RIVER LAUN

The RIVER RHINE

The RIVER MOSELLE

Kreuznach.

3
1 **2**

A Reference to the RHINEGAU.

1. Rudesheim.
2. Geisenheim.
3. Johannisberg.
4. Oestrich.
5. Hallgarten.
6. Steinberg.
7. Marcobrunn.
8. Erbach.
9. Rauenthal.

RHINE
PA

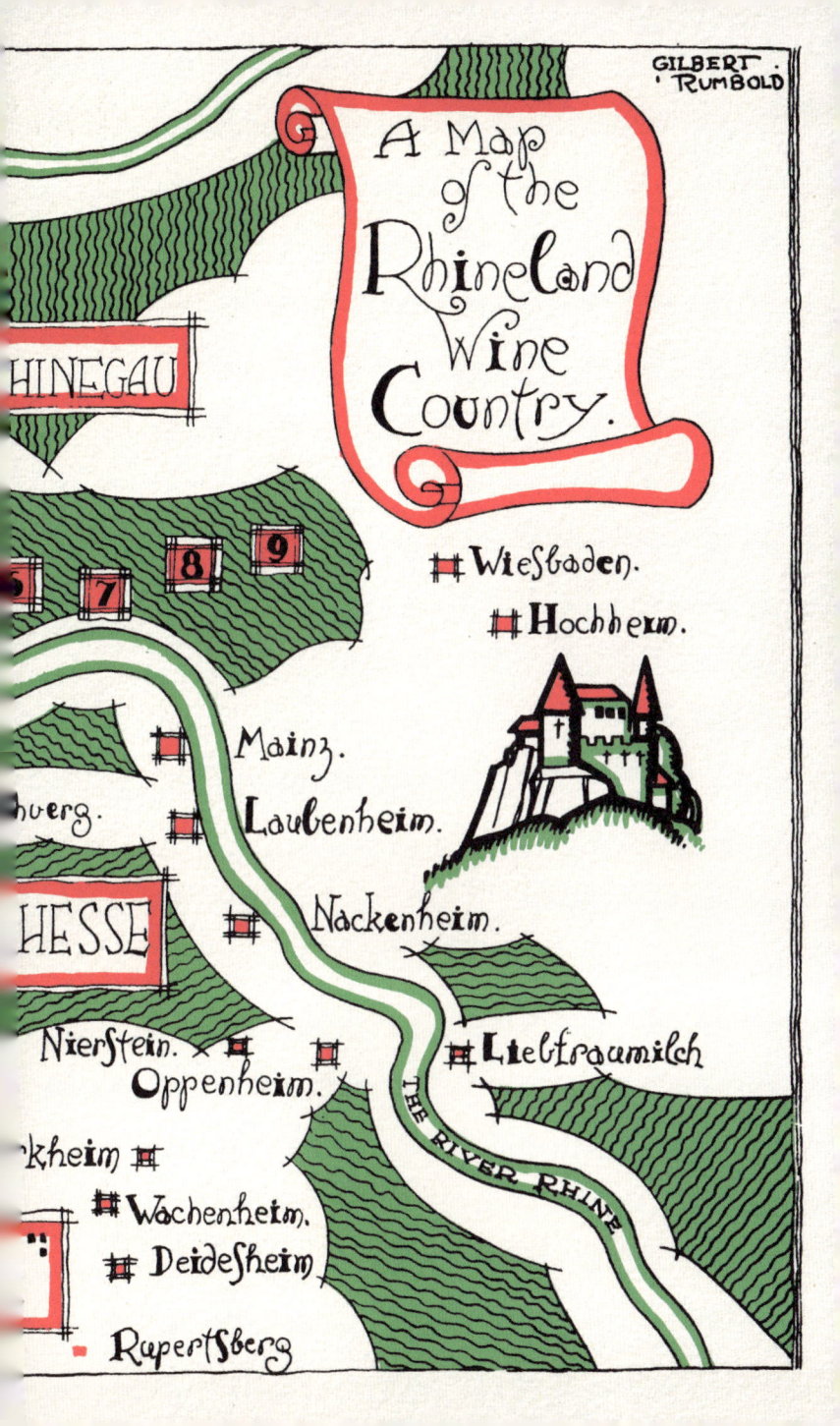

A Map of the Rhineland Wine Country.

GILBERT RUMBOLD

RHINEGAU

HESSE

7 8 9

Wiesbaden.
Hochheim.
Mainz.
Laubenheim.
Nackenheim.
Nierstein.
Oppenheim.
Liebfraumilch
...kheim
Wachenheim.
Deidesheim.
Rupertsberg

THE RIVER RHINE

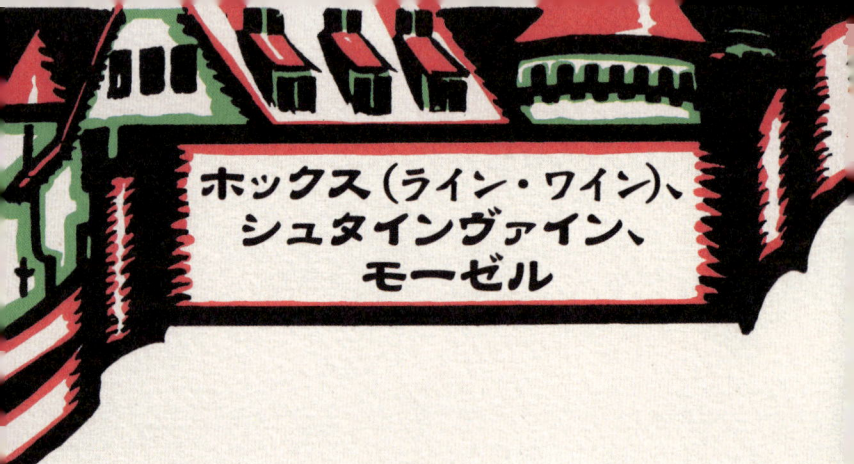

ホックス（ライン・ワイン）、シュタインヴァイン、モーゼル

ホックス

　ドイツはワインの大生産国とはいえない。いずれにしろ、自国産の葡萄だけから造られるワインはあまり多くなく、かなりのワインが輸入した葡萄から醸造されている。ここでは輸入した葡萄から造られるワインを取り扱う必要はないが、初心者にはそのようなワインは高い品質をもっているとは考えられず、したがって避けるべきだということだけを忠告しておこう。ほんとうに優れたドイツのワインはそれほどないが、それが補えるほど、飛び抜けてすばらしい品質のワインが造られているのではないだろうか——ホックス、シュタインヴァイン、モーゼルといったフルーティで美味なワインが。

　ホックスという言葉は、やや漠然としていて、通常はラインラント地方原産のワインを指すと考えられている。細かく分類すると、ラインラントはおもに3つの地域に分かれる。ラインガウ、ラインヘッセン、ラインファルツだ。それぞれの地域で、独特の個性をもったワインが造られている。

HOCKS AND MOSELLES

　この中でもっとも有名な地域はラインガウで、ニーダーヴァルトからロルシュまでの20数キロにわたり、ライン川右岸に広がっている。
　ラインガウのワインは、ほとんどがリースリング種の葡萄のみから造られ、ほかの2地域のものとくらべて、いくぶんさわやかな風味をもっている。また、非常に気品があることでも知られている。
　この地域には、ラウエンタール、エアバッハ、マルコブルン、ハッテンハイム、シュタインベルク、エーストリッヒ、シュロス・フォルラーツ・ヴィンケル、シュロス・ヨハニスベルク、ガイゼンハイム、リューデスハイムといった名高い畑があり、生産されるワインは独特な風味と果実香で有名だ。
　ホッホハイムもラインガウの一部で、見事なワインを産出している。ライン・ワイン全体を示す英語のホックスという総称は、この村の名前に由来すると考えられている。
　ラインヘッセンは、ヴォルムスからビンゲンまでのライン川左岸に広がる。この地方で栽培されている葡萄の二大種は、リースリング種とエスタライヒャー種だ。
　この地域のワインは、ラインガウのものとくらべていくぶんやわらかく、種類も豊富だ。オッペンハイムでは、すばらしい果実香をもつコクのあるワインが造られている。ニールシュタインのワインはより芳醇で、なおかつ気品がある。

HOCKS AND MOSELLES

　また、ラインガウのワインよりも瓶の中でずっと速く熟成し、概して色も深みがある。
　ラインファルツ・ワインは、ドイツで最大のワイン生産地ラインファルツが原産で、イギリス人にはパラティネイト・ワインと呼ばれてよく知られている。
　この地域は非常に穏やかな気候に恵まれ、ノイシュタットからデュルクハイムのミッテルハールト地区では、日光だけではなく地表からも熱を吸収できるように、地面に近いところで葡萄を育て、最上のワインを生産している。
　最良の畑は、ウンクシュタイン、デュルクハイム、ヴァッヘンハイム、フォルスト、ダイデスハイム、ルッパーツベルクの各地区にある。
　これらの地区すべてで造られている「アウスレーゼ」のワインは、特別に選ばれた完熟葡萄が使われており、すばらしい果実香や芳香、厚みのあるこくをもっている。
　「トロッケンベーレン・アウスレーゼ」のワインは、干し葡萄のように乾燥した葡萄が原料になっている（「トロッケンベーレン」という言葉は「乾いた漿果」を意味する）。そのため、非常に濃厚ですばらしい果実香と自然な甘みがある。
　ほかにも「エーデルベーレン・アウスレーゼ」「エーデルゲヴェークス」「シュペトレーゼ」など、ワインが選り抜きの葡萄から造られたことを示す言葉がある。これらの言葉は、秋のよく晴れた気候を利用して、原料の葡萄の実が収穫時期よりもあとまで樹に残されていたことを意味する。

モーゼル

　モーゼル川とその支流であるザール川、ルーヴァー川の周辺のワインは、リースリング種の葡萄がよく育つ珪酸質の土壌により、繊細な香気と、いわくいいがたい風味をもつことで知られている。

　比較的アルコール度数が低く、心地よく自然でさっぱりした口当たりなので、理想的な昼食用のワインといえるだろう。医学的な見地からも、このワインは強くおすすめできる。吸収されるのが早く、消化しやすいからだ。

　正当なモーゼルを産出する最良の畑は、川の両岸にある。すこしではあるが、アルファベット順に村の名前を挙げよう。ベルンカステル・クエス、ブラウネベルク、デュロン、エンキルヒ、エルデン、グラーハ、ヨーゼフスホーフ、リーザー、ピースポート、ライル、ユルツィヒ、ヴェーレン、ツェルティンゲンだ。

　これらの地区名に加え、さまざまな畑の名前を記しておく。「ヒンメルライヒ (天国)」、「ローゼンベルク (薔薇の園)」、「ゴールドトレプヒェン (金の滴)」、「ヴュルツガルテン (薬草園)」など、魅惑的な名称がついている。

HOCKS AND MOSELLES

シュタインヴァイン

　シュタインヴァインは、ヴュルツブルク周辺の葡萄畑で栽培されている葡萄から造られる。
　中世以来、この地域のワインは、「ボックスボイテル」と呼ばれる、あの有名なフランク族風のずんぐりした大瓶に詰められている。
　非常に洗練され、珍しい芳香をもち、色が薄いわりには驚くほど厚みのあるコクと風味がある。

1921年のホックスとモーゼル

　ずば抜けたヴィンテージの年で、すくなくともここ30年では最良の出来と考えられる。とりわけホックスはすばらしかった。こくと丸みのあるワインらしいワインになった。ホックスは大量に貯蔵されている。

　　　　　　次に、最高のドイツ・ワインを挙げる。

ライン・ワイン
ラインガウ

ラウエンタール
エアバッハ
マルコブルン
ハッテンハイム
シュタインベルク・カビネット
エーストリッヒャー・アイゼルベルク
シュロス・フォルラーツ・ヴィンケル
シュロス・ヨハニスベルク
ガイゼンハイム
ルーデスハイム・ベルク
ホッホハイム・ノイベルク

HOCKS AND MOSELLES

ラインヘッセン

シャルラッハベルク
ニールシュタイン
オッペンハイム
ロイベンハイム
ボーデンハイム

ラインファルツ（パラティネイト）

ルーパーツベルク・アウスレーゼ
ダイデスハイム
フォルスト
ウンクシュタイン
デュルクハイム

シュタインヴァイン

ヴュルツブルガー・ノイベルク

モーゼル

ツェルティンガー
ブラウネベルガー
ベルンカステラー
ヴィルティンゲン・クップ
ピースポーター・キルヒェル
ツェルティンガー・シュロスベルク
ツェルティンガー・ゾンネンウーア
オバーエメラー・ヘレンベルク
エルデナー・トレプヒェン・アウスレーゼ
シャルツホーフベルガー

ポート・ワイン

　英語を話す人々ならみな、ポート・ワインには特別にロマンティックな関心をもっている。なぜなら、18世紀なかばから19世紀なかばにわたる100年以上のあいだ、ポート・ワインはイギリスでもっともよく知られていたワインというだけではなく、非常に保守的な人々の多くが食卓に載せることを許した唯一のワインだったからだ。たしかに、ロースト・ビーフとポート・ワインは、イギリスの家庭生活を象徴するものとみなされている。こんな話がある。ヴィクトリア女王が即位した直後のこと、ウォーリックシャーのある地主は、息子がひそかにクラレットの瓶を屋敷に持ち込んだことを知った。怒りと軽蔑に顔をゆがめた地主は、瓶を没収して手近な豚小屋に中身を捨て、そのあいだ、急に口調を変えて息子にこう話した。「いったいなぜ、こんな新しいだけの外国のワインを私の屋敷に持ち込んだのだ？　私の父も祖父も、まともなイギリスのポート・ワインで十分に満足していたのだから、私の息子も十分に満足できるはずだぞ！」

PORT

　この話を聞くと、ちょっとした無知は不幸なように見えて実は幸福だということがわかる。
　ポート・ワインはあいかわらず、イギリスで大衆にもっとも愛されているワインで、イギリスの宿屋の看板が下がっているところなら必ず注文できる唯一のワインといえるだろう（シェリーでさえそうではないのだ）。当然のことながら品質はさまざまだが、絶対に本物のポート・ワインであると考えてよい。というのも、「ドウロ渓谷地方で生産され、オポルトから輸出された酒精強化ワイン」という定義を満たさずにポート・ワインとしてワインを売ることは、重い罪になるからだ。だがそれだけではなく、カールトン・ハウス・テラスのディナー・パーティで、給仕係に「ポート・ワインはいかがでございますか？」と低くささやかれ、うなずき返して得るものと、角を曲がったところにある《年寄り家鴨と中国人》亭の個室で「ポート・ワインはいかがかしら？」とすすめられて出されたものとでは、ずいぶんな差がある。
　いまではよく知られているように、ポート・ワインは工夫をこらしてさまざまなワインをブレンドして造られる。少量のブランデーを加えて発酵を遅らせることによって、ごくゆっくりと熟成し、年月とともに芳醇さを増していく。最終的には熟成の方法に従って、ヴィンテージ・ポート、トーニー・ポート、ルビー・ポートの3種類に分類される。

PORT

　ヴィンテージ・ポートは、ある特定の年に醸造されたもので、ワインの出来がとくに優れた年でなければ生産されない。あらゆるヴィンテージ・ポートはそれぞれ特有の個性をもち、ほんとうにポートを知っている人であれば、ひとくち含むだけでそのヴィンテージ・ポートの年代がわかる。収穫後、2年から3年後に瓶詰めされ、完全に瓶の中で熟成が進む。

　その明るい色からそう呼ばれているトーニー・ポート[注]は、ワインをブレンドして、数年をかけて完全に樽の中で熟成させたものだ。ヴィンテージ・ポートほどの濃厚さや芳香はなく、概して品質はよいが1種類だけではものたりないワインをブレンドして造られる。

　ルビー・ポートは以上の2種類の中間にあるといえる。樽で熟成させたあと、瓶の中でも熟成が進む。現在、ヴィンテージ・ポートは高価なので、そちらを買う余裕のない愛好者のあいだでルビー・ポートは非常に好まれている。ほんとうに良質のルビー・ポートは、専門家を惑わすことさえあるが、それもたしかではなく、瓶によってさまざまだ。

　ポート・ワインはブレンドした会社の名前のもと、出荷される。古くからある出荷元は英語の名前であり、100年前にはポート・ワインが事実上、イギリス人によってイギリス人のためにポルトガルで造られるイギリスのワインだったことを物語っている。

　過去40年間の最高のヴィンテージ年は、1890年、1896年、1900年、1908年、1912年、1917年、1919年だ。おもなオポルトの出荷元は次のとおりで、ヴィンテージ・ポートはこれらの名のもとで販売されている。

注：「トーニー」は「黄褐色の」の意

PORT

- バトラー・ネフュー社
- コックバーン・スミシーズ社
- クロフト社
- デラフォース・サンズ社
- ディクソン
- ダウ（シルヴァ・アンド・コーセンズ）
- フェレイラ・ブラザーズ
- フォイアーヒアード・ブラザーズ社
- フォンセカ社（ギマラエンス社）
- ゴンザレス・アンド・ビアス社
- グールド・キャンベル社
- WM・グレアム・アンド・ジョン社
- ハント・ループ社
- マッケンジー社
- モーガン・ブラザーズ
- オフリー・フォレスター社
- レベーロ・ヴァレンテ（ロバートソン・ブラザーズ社、G・サイモン・アンド・ウェルソン）
- サンデマン社
- スミス・ウッドハウス社
- テイト・ストーマンス社
- テイラー・フラッドゲイト・アンド・イエイツマン
- ヴァン・ゼラーズ社
- ワレ社

シェリー

「上等のシェリス・サックには、ふたつの功徳がある。まずは頭にカーッとくる、そして脳味噌でもやもやしていたばかげた考え、毒気なんかがさっと晴れる。すっかり頭が切れるようになって、おかしなことをたてつづけに思いつく。勢いがあって愉快な形で頭がいっぱいになり、口から飛び出てきたときには傑作な駄洒落になるってわけだ。極上のシェリスの功徳その二、血を熱くしてくれる。飲む前は血が冷たいせいで肝臓までなまっちろいんだ、つまりは意気地な

SHERRY

し、腰抜けの印だ。でも凝り固まっていた血もシェリスであったまると、あっというまに五臓六腑から手足の先まで流れていく」これはシェークスピアが陽気なフォルスタッフの口を借りて語ったことだが、彼が心からこのように思っていることを否定する人はいないだろう。なぜなら、当時の偉大な人間の例に漏れず、この不滅の詩人も「シェリス・サック」のえもいわれぬ香気の真価を正しく理解していたからだ。もっとも、簡潔さが七徳のひとつに挙げられるようになった時代になってから、私たちはシェリーと呼ぶようになったが。だが興味深いことに、「シェリス・サック」も「ヘレス・セック」に由来する言葉である。ヘレスとは、この特殊なワインをずっと生産してきたスペインの一地方の地名だ。いうまでもなく今日では、マデイラと混同されがちだ。だがあいかわらず、シェリーは、とくに上等なシェリーは、通の舌がもっとも好むものだ。とはいえ、一般的な人気はおそらく50年前とくらべて落ちている。直接の原因は、どういうわけかシェリーの名に値しない代物が、知らぬが仏がいつも通じ

SHERRY

るわけではないとなかなか理解しない市場に、しばしば出まわることにある。したがって、味わってしかるべき本物のよさを味わいたいのであれば、シェリーを購入するときには慎重であるべきだ。

　優れたシェリーは、葡萄の栽培者だけではなくブレンドの専門家の力によって造られるので、瓶に記載された出荷元の名前がかなり重要であることを、いつも忘れてはならない。必ずいいシェリーを手に入れたければ、名前に信用のある出荷元を選ぶことだ。

　シェリーの特徴は、おもに3種類に分かれる。まずは、淡い色とやさしい香りをもつ繊細な**フィノ**。2番目は、よりどっしりとした**アモンティリャード**という種類だ。より長い時間をかけて熟成させ、特有の個性と豊かな風味をもたせている。3番目は**オロロソ**といい、ほかの2種類にくらべてさらに色が濃く、重みがある。もちろん、これらの主要な3種類のそれぞれには、さまざまな美点がある。よく知られているヴィーノ・デ・パストは**フィノ**、アモロソや古いゴールデン・シェリー、ブラウン・シェリーは**オロロソ**に分類される。上等のシェリーのすばらしい特色は、年月とともに芳醇になっていき、しかもコルクを抜いたままでもその優れた品質は損なわれない点だ。したがって、長いあいだ栓をせずにデカンタに入れっぱなしにしても、品質が変わらないと考えていいだろう。

SHERRY

　以下の出荷元の名前がラベルにあれば、そのシェリーは必ず信頼できる。

ウィリアム・アンド・ハンバート	ヘレス
V・ディアス・アンド・コー	ポート・サン・マリー
ゴンザレス・ビアス・アンド・コー・エルティーディー	ヘレス
マルティネス・ガシオット・アンド・コー・エルティーディー	ポート・サン・マリー
アントニオ・R・ルイス・イ・エルマノス	ヘレス
ダフ・ゴードン・アンド・コー	ポート・サン・マリー
ガーヴェイ・アンド・コー	ヘレス
マッケンジー・アンド・コー・エルティーディー	ヘレス
マニュエル・ミサ	ヘレス
ペドロ・ドメック	ヘレス

**ワインは以上で
おわり。**

最後に——特別なひとときについて

　本書の終わりにあたって、あらゆる飲み物について、できるだけ簡潔に解説したい。そして、検閲官に嗅ぎつけられないうちに1冊を厳重に保管するだけの分別のあるかたが、役立ててくださることだけを願っている。付け加えることはほとんど残っていない。本書に出てきた人物はすべて実在し、彼らについて語ったことは真実にまちがいないといってもよい。

　しかし、もうひとつ最後にしておきたいアドヴァイスが残っている。やや警告的ともいえる言葉だ。あなたの人生における特別なひとときに、ふさわしくない飲み物を用意することのないよう、細心の注意を払っていただくためである。たとえば、仕立屋がいつものように買い掛け金の総額を減らしてほしいという名目で訪れてきた場合、このところのひどい窮状を訴えて弁解するために、シャンパンをあけて彼をなだめたりしないようにしよう。また、あなたが懸命に気をひこうとしている女性には、絶対に夜が終わる前にジンジャー・ビアを出してはならない。そして、ポート・ワインを朝食に出すべきではないし、帰ろうとしている客にカクテルを出すのも正しいとはいえない。ただし、ひどいディナーを出してしまったので、客はおそらくどこかで食事をとり直すはずだし、食前酒をほしがっているだろう、と思われた場合は、このかぎりではない。

　さまざまな料理に合わせてどのワインを出すべきかということについては、多くの書物が書かれている。だが、最良かつ唯一の現実的な手引きは、私たちひとりひとりの個人的な経験

なのだ。ブルゴーニュを飲めない人がいれば、シャンパンやポート・ワインに我慢ならない人もいるということを、いつも肝に銘じておこう。客になにを飲みたいか尋ねれば、まずまちがいない。なんでもよいという返事であれば、シャンパンを飲みたがっていることになる。ほかのワインが飲みたければそう答えるはずだ。この心理はまったくわかりやすい。シャンパンは高価だと決まっているのだから、あからさまにほしがるのを遠慮して当然である。ほかのワインのほうが実際には高いかもしれない。だが、安いことも**ありうる**のだから、ためらわずに注文できるのだ。

　ワインは慰めを与え、人を元気づけるものであり、男性の喜びであり続けた。ヴィンテージの楽しみを受け取らないのは、自分は厭世家か無粋な人間であると公言するようなものだ。なんらかの不運で本書がそのような方の手元に届いたとすれば、熱心に熟読し、読み終えた暁にはタクシーでサヴォイ・ホテルに来ていただき、本書の計画されたそもそもの趣旨であるハリー・クラドックの技を彼自身が駆使している聖なる場所に、敬意を払いつつ分け入っていただくことを願うのみだ。ハリー・クラドックの創意、知識、技術がなくては、本書が日の目を見ることはなかったのだから。

訳者あとがき

　ロンドンにしばらく滞在したことのある方なら、おそらく一度は、チャリング・クロス駅から東へ延びる"ストランド"を通ったことがあるでしょう。このテムズ河に並行した大通りは、19世紀後半に歓楽街として全盛期を迎え、かつては劇場数がロンドンで最も多いところでした。現在ではロンドン最先端の話題の地域からやや取り残された感がありますが、ウェストミンスターとシティを結ぶ幹線としての重要性は、変わりありません。

　このストランドを賑わした劇場でも最も有名なものが、ギルバート＆サリヴァンの喜歌劇で有名なサヴォイ劇場。その劇場のオーナーであった大資本家リチャード・ドイリー・カルテは、劇場の隣に、当時としてはあまりにも豪華なホテル、サヴォイを建設します。ストランドとテムズ河のあいだにそびえるこのホテルは、1889年にオープンするや、たちまちヨーロッパ随一の華麗な社交場として有名になり、以来百十年以上、世界中の有名人に親しまれてきました。

　そして、1890年代にそのホテル内にできたのが、アメリカン・バー。このバーが、アメリカが禁酒法を施行した1920年から1933年にかけて大人気を博し、一時代を築き上げたのは、本書のまえがきに書かれているとおりです。

　そのまえがきでもわかるように、本書は、1930年にハリー・クラドックがまとめたオリジナル版カクテルブックをイラストやコメント

などすべてそのままに復刻し、さらに新たなまえがきと、現ヘッド・バーテンダーのピーター・ドレーリらによる新レシピを巻頭に加えたものです。
　クラドックのカクテルブックは、初版以降何度か改訂されながら、世界中のバーテンダーにとってのバイブル的な存在となってきました。つまり、プロにとっての実用書です。しかし1930年のオリジナル版は、現在のカクテル・シーンから見れば、「伝説の書」。今でも当のアメリカン・バーではそのオリジナル版を使ったカクテルが（最新カクテルといっしょに）いくつか作られていますが、ほとんどが「古典的レシピ」であることは否定できません。
　したがって、本書はバーテンダーのための実用便覧というより、むしろ1930年代当時のカクテルやワインがどんなものだったかを知り、古き良き時代の社交界の雰囲気を想像し、イラストとウィットを楽しむ読み物、と言ったほうがいいでしょう。
　このクラドックのカクテルブックは、1965年の改訂版が、1972年に柴田書店から日本語版として発行されています。監訳者の福西英三氏による信頼性の高い訳と、書き下ろし「旧版との比較考現学」は実に貴重なものですが、残念ながら現在では手に入りません。また、1930年版にしかないレシピや、カラー・イラスト、60ページにわたるワインの項、随所に現れる著者のコメントなどは、日本の読者には本書で初めてお目にかけられるものです。

そんなわけで、本書は「復刻版」を楽しむものであるというスタンスにより、原書の表記を尊重し、グラスの名称からリキュールなどの種類、計量の表現、処方など、すべてをできるだけそのままに訳しました。ただし、原文の明らかなスペルミスや、レシピの重複、並び順のまちがいなどは、正すようにしています。また、読者がカクテル名やコメントを楽しむ助けとなるように、一部訳注も入れてみました（文中、小さな文字で「注：」とあるのがそうです）。

　最後になりましたが、本文の訳出に際してはユニカレッジの鈴木美朋さんに、ワインの項のチェックではソムリエである畏友・三輪宗博氏に、ご協力いただいたことを記し、感謝します。……もちろん、ミスがあればそれはすべて、未熟な訳者の責任でありますが。

　巻頭のまえがきからもわかるように、サヴォイのアメリカン・バーは今ももちろん健在で、著名人や旅行者を楽しませてくれています。そのことは全日空の機内誌『翼の王国』でのオキ・シロー氏の連載コラム「サヴォイでいっぱい」（2001年4月号〜2002年4月号）を読んでもよくわかるのですが……とにかく百聞は一見にしかず。ロンドンへ行く機会があったら、本書を携えて行くと、愉しさ倍増かもしれませんね。

2002年11月
日暮雅通

索引

あ

アースクエイク ・・・・・・・・・・・ 64
アーティスツ（スペシャル）・・・ 24
アーティルリー ・・・・・・・・・・・ 24
アーモンド・カクテル・・・・・・・ 20
R・A・Cスペシャル ・・・・・ 131
アイ・オープナー・・・・・・・・・・ 67
I・B・F・ピック・ミー・アップ
　・・・・・・・・・・・・・・・・・・・・・ 85
アイディアル・・・・・・・・・・・・ 85
アイリッシュ・・・・・・・・・・・・ 87
アヴィエーション・・・・・・・・・ 25
アストリア ・・・・・・・・・・・・・ 24
アッタ・ボーイ ・・・・・・・・・・ 24
アップ・トゥ・デイト ・・・・・ 165
アップステアーズ ・・・・・・・・ 165
アップル・・・・・・・・・・・・・・・ 22
アップル・トディ ・・・・・・・・ 187
アップル・パイ ・・・・・・・・・・ 23
アップル・ブロウ・フィズ ・・ 194
アップルジャック・カクテル・・ 22
　（スペシャル）・・・・・・・・・・ 22
アップルジャック・ラビット・・ 22
アティ ・・・・・・・・・・・・・・・・ 25
アディントン・・・・・・・・・・・・ 17
アドニス・・・・・・・・・・・・・・・ 17
アパレント ・・・・・・・・・・・・・ 21
アビィ ・・・・・・・・・・・・・・・・ 16
アフィニティ ・・・・・・・・・・・ 17
アブサン・カクテル ・・・・・・・ 16
　（スペシャル）・・・・・・・・・・ 16
アブサン・ドリップ ・・・・・・・ 16
アブサン・フラッペ ・・・・・・ 209
アフター・サパー・・・・・・・・・ 17
アフター・ディナー ・・・・・・・ 17
　（スペシャル）・・・・・・・・・・ 17
アプリコット・・・・・・・・・・・・ 23
　（スイート）・・・・・・・・・・・ 24
　（ドライ）・・・・・・・・・・・・ 23
アプリコット・クーラー ・・・・ 201
アプルーヴ ・・・・・・・・・・・・・ 23
アペタイザー・・・・・・・・・・・・ 22
アメール・ピコン・ハイボール
　・・・・・・・・・・・・・・・・・・・ 193

アメリカン・ビューティ ····· 20	インカ ········· 86
アライズ ············ 19	インカム・タックス ········ 86
アラスカ ············ 18	インク・ストリート ········ 86
アラック・パンチのもと ···· 217	インペリアル ········· 86
アラバマ・フィズ ········ 193	インペリアル・フィズ ····· 197
アリス・マイン ········· 19	ヴァージン ········· 168
アルバーティーン ········ 18	ヴァージン・スペシャル ···· 168
アルフォンソ ·········· 19	ヴァレンシア
(スペシャル) ········ 19	(No.1) ········ 165
アルベマール・フィズ ····· 193	(No.2) ········ 165
アレクサンダー	ヴァン・ドゥーゼン ······· 166
(No.1) ········· 18	ヴァンダービルト ········ 166
(No.2) ········· 18	ヴィ・ロゼ ········· 168
アレクサンダーズ・シスター ·· 18	ウィーシュア・スペシャル ·· 172
アレン (スペシャル) ······· 19	ヴィクター ········· 167
アングラー ··········· 21	ヴィクトリー ········ 167
アンクル・トビー・パンチ	ウィズ・ドゥードゥル ····· 176
イングランド風 ········ 216	ウィズ・バン ········ 177
アンティ ············ 21	ウイスキー・カクテル ····· 173
イー・ノス ··········· 66	ウイスキー・スペシャル ···· 174
イーグルズ・ドリーム ······· 64	ウイスキー・デイジー ····· 205
イースト・アンド・ウェスト	ウイスキー・トディ ······ 186
············ 64	ウイスキー・フィックス ···· 206
イースト・インディア ······· 64	ウィスパー ········· 174
イースト・インディアン ····· 65	ウィッチ・ウェイ ········ 173
イートン・ブレイザー ······· 67	ウィップ ·········· 173
イェール ··········· 179	ウィドウズ・キス ········ 177
イエロー・デイジー ······· 179	ウィドウズ・ドリーム ····· 177
イエロー・パロット ······· 179	ウィリー・スミス ········ 177
イエロー・ラトラー ······· 179	ウィル・ロジャーズ ······· 177
イッチ・ディーン ·········· 85	ウィンディ・コーナー ····· 177

ウーム・ボール 115	"S・G" 146
ウェスタン・ローズ 173	エセル 66
ウェスト・インディアン 173	エッグ・サワー 186
ウェストブルック 172	エッグ・ノッグ 188
ウェディング・ベル 171	エディー・ブラウン 65
ウェブスター 171	エリーゼ ix
ウェルカム・ストレンジャー .. 172	エリクシル 66
ヴェルモット・アンド・カシス	"L・G" 95
.... 167	エルク 66
ヴェルモット・アンド・キュラソー	エルクス・オウン 66
.... 167	エンジェル・フェイス 20
ヴェルモット・カクテル 167	エンジェルズ・ウィング 21
ヴェロシティ 166	エンジェルズ・ウィングズ 21
ウェンブリー	エンジェルズ・キス 20
(No.1) 172	エンジェルズ・ティップ 21
(No.2) 172	エンパイア 66
ウォーズ 169	オー・ハリー！ 185
ウォーターベリー 171	オー・ヘンリー！ 114
ウォーデイズ 169	オープニング 116
ウォーデン 169	オールド・イートニアン 114
ウォード・エイト 169	"オールド・パル" 115
ヴォルステッド 168	オールド・ファッションド .. 114
ウォルドーフ 169	オステンド・フィズ 198
エイチ・アンド・エイチ 80	オックスフォード・パンチ .. 214
H・P・W 81	オッド・マッキンタイア 113
"エヴリシング・バット" 67	オパール 116
"エヴリバディーズ・アイリッシュ"	オペラ 116
.... 67	オランダ・ハウス 83
エール・フリップ 187	オランダ・フィズ 196
X・Y・Z 178	オリヴェット 115
エクリプス 65	オリエンタル 117

オリンピック ------------ 115
オルジェー・フィズ ------- 198
オレンジ・カクテル ------- 116
オレンジ・フィズ -------- 198
オレンジ・ブルーム ------- 117
オレンジ・ブロッサム ----- 117
オレンジ・マティーニ ----- 117

か

ガーズ ---------------- 79
カーディナル・パンチ ----- 211
カール・K・キッチン ----- 185
カウボーイ ------------- 52
カジノ ---------------- 42
ガゼット -------------- 74
カップス・インディスペンサブル
 ------------------- 93
カナディアン ----------- 41
カナディアン・ウイスキー・カクテル
 ------------------- 42
カフェ・キルシュ --------- 40
カフェ・ド・パリ --------- 40
カラント・シュラブ ------- 191
カルヴァドス・カクテル ----- 40
カルーソー ------------ 42
カルロス -------------- 54
ガンガディン ----------- 74
カントリー・クラブ・クーラー -- 52
キープ・ソウバー -------- 184
キッカー -------------- 92
キナ ----------------- 92

ギブソン --------------- 75
ギムブレット ----------- 75
ギムレット ------------- 75
ギャスパー ------------- 74
キャッスル・ディップ ------ 43
キャッツアイ ----------- 43
キャバレー ------------- 39
キャムデン ------------- 41
キャメロンズ・キック ------ 41
キャロル -------------- 42
キューバン・カクテル
 (No.1) ------------- 53
 (No.2) ------------- 53
キューピッド ----------- 54
キュラソー・カクテル ------ 54
ギルロイ -------------- 75
キング・コール ---------- 92
キングストン ----------- 92
クイーン・エリザベス ----- 130
クイーンズ ------------ 130
クーパーズタウン --------- 50
クエイカーズ ----------- 130
クォーター・デック ------- 130
クバーノ -------------- 53
クラシック ------------- 48
グラスゴー・パンチ ------- 212
グラッド・アイ ---------- 76
グラディール（スペシャル）--- 77
クラブ ---------------- 48
クラリッジ ------------- 47
クラレット・カップ ------- 220

クラレット・パンチ ･･････ 212	コーネル・スペシャル ･･････ 50
クラレット・パンチのもと ･･ 218	コーヒー・カクテル ･･････ 49
グランド・スラム ･･････････ 77	コープス・リヴァイヴァー
グランド・ロイヤル・	(No.1) ･････････････ 51
クローヴァー・クラブ ････ 77	(No.2) ･････････････ 52
グランド・ロイヤル・フィズ 196	コーラ・トニック ･･･････ 93
クリーム・フィズ ･･････ 194	コーラス・レディ ･･･････ 46
グリーン・ドラゴン ･･････ 79	ゴールデン・アーミン ･････ 76
グリーン・ルーム ･･･････ 79	ゴールデン・ゲート ･･････ 76
グリーンブライア ･･･････ 78	ゴールデン・スリッパー ･･･ 76
クリサンセマム ･････････ 47	ゴールデン・フィズ ･････ 196
クリスタル・ブロンクス ････ 53	コールド・デック ･･･････ 49
グルーム・チェイサー ･････ 76	コーン・ポッパー ･･･････ 50
グレイシズ・ディライト ････ 77	コタ ･･････････････ 52
クレイトンズ・スペシャル ･･ 48	コブラー ･････････････ 209
クレイトンズ・テンペランス 184	コモドーア ･･････････ 50
クレイトンズ・ブッシーフット	コルドヴァ ･･･････････ 50
････････････････ 184	コロニアル ･･･････････ 49
グレート・シークレット ････ 78	コロネーション
グレープ・ヴァイン ･･････ 77	(No.1) ･････････････ 51
グレープフルーツ・カクテル ･･ 78	(No.2) ･････････････ 51
クレオール ･･･････････ 52	
グレナディア ･････････ 79	**さ**
クロウ ･･････････････ 53	サー・ウォルター ･･････ 148
クローヴァー・クラブ ･････ 48	サード・ディグリー ･････ 159
クローヴァー・リーフ ･････ 48	サード・レイル
K・C・B ････････････ 91	(No.1) ････････････ 159
ケープ ･･････････････ 42	(No.2) ････････････ 159
ケープタウン ･････････ 42	サイダー・カップ
ケーブルグラム ････････ 40	(No.1) ････････････ 219
ケル・ヴィ ･･･････････ 131	(No.2) ････････････ 219

サイドカー ・・・・・・・・・・・・ 147	サンセット ・・・・・・・・・・・・・・ 156
サヴォイ・サングリア ・・・・・ 192	サンタ・クルス・フィックス・ 206
サヴォイ・タンゴ ・・・・・・・・ 143	サンタ・クルス・ラム・デイジー
サヴォイ・ホテル ・・・・・・・・ 142	・・・・・・・・・・・・・・・・・・・・ 204
サヴォイ・ホテル・スペシャル	サンダー・・・・・・・・・・・・・・・・ 160
(No.1) ・・・・・・・・・・・・・・ 142	サンダー・アンド・ライトニング
(No.2) ・・・・・・・・・・・・・・ 143	・・・・・・・・・・・・・・・・・・・・ 160
サヴォイ・ホテル・リッキー・ 204	サンダークラップ ・・・・・・・・ 161
サウス・サイド ・・・・・・・・・・ 152	サンティアゴ・・・・・・・・・・・・ 141
サウス・サイド・フィズ ・・・・ 200	サンドマーティン ・・・・・・・・ 141
ザザ ・・・・・・・・・・・・・・・・・・ 181	サンライズ ・・・・・・・・・・・・・・ 156
ザザラク ・・・・・・・・・・・・・・・・ 181	C・F・H ・・・・・・・・・・・・・・・ 43
サザン・ジン ・・・・・・・・・・・・ 152	シー・ブリーズ・クーラー ・・ 203
サザン・ミント・ジュレップ・ 208	ジーン・コリー ・・・・・・・・・・ 74
サゼラック ・・・・・・・・・・・・・ 143	ジーン・タニー ・・・・・・・・・・ 74
サタンズ・ウィスカーズ	シェイディ・グローヴ・クーラー
(直毛版) ・・・・・・・・・・・・・ 142	・・・・・・・・・・・・・・・・・・・・ 203
(巻き毛版)・・・・・・・・・・・・・ 142	ジェイブラク ・・・・・・・・・・・・ 89
ザッツ・ライフ ・・・・・・・・・・・・ ix	J・O・S ・・・・・・・・・・・・・・・・ 90
サマー・タイム ・・・・・・・・・・ 156	ジェネラル・ハリソンズ・エッグ・
サム・モス ・・・・・・・・・・・・・ 150	ノッグ・・・・・・・・・・・・・・・・ 189
サラトガ ・・・・・・・・・・・・・・・・ 141	シェリー・アンド・エッグ ・・ 147
サロメ ・・・・・・・・・・・・・・・・・ 140	シェリー・カクテル ・・・・・・・ 146
サワー ・・・・・・・・・・・・・・・・・ 186	シェリー・サングリア ・・・・・ 192
サン・ジェルマン ・・・・・・・・ 139	シェリー・ツイスト
サンクチュアリ ・・・・・・・・・・ 140	(No.1) ・・・・・・・・・・・・・・ 147
ザンシア ・・・・・・・・・・・・・・・・ 178	(No.2) ・・・・・・・・・・・・・・ 147
ザンジバル ・・・・・・・・・・・・・ 181	シェリズ ・・・・・・・・・・・・・・・・ 178
サンシャイン	シカゴ ・・・・・・・・・・・・・・・・・ 45
(No.1) ・・・・・・・・・・・・・・ 157	シスル ・・・・・・・・・・・・・・・・・ 160
(No.2) ・・・・・・・・・・・・・・ 157	シップ ・・・・・・・・・・・・・・・・・ 147

ジプシー 79	シルヴァー・スタリオン 148
ジミー・ブラン 89	シルヴァー・ストリーク 148
シャーキー・パンチ 146	シルヴァー・フィズ 200
ジャーナリスト 90	シルヴァー・ブレット 148
ジャクソン 88	ジン・アンド・ケープ 76
ジャジェット 91	ジン・カクテル 75, 182
ジャック・ウィザーズ 88	ジン・スリング 190
ジャック・カーンズ	ジン・デイジー 204
(No.1) 88	ジン・パンチ（瓶詰め用） ... 219
(No.2) 88	ジン・フィズ 195
ジャック・パイン 88	ジン・フィックス 205
ジャック・ローズ 88	シンガポール・スリング 190
ジャッジ・ジュニア 91	スイート・バトゥーティ 158
ジャバウォック 87	スイス 155
シャムロック 146	スウィズルズ 158
シャンゼリゼ 44	スウォルター 148
シャンハイ 146	スカフ・ロー 143
シャンパン・カクテル 43	スター
シャンパン・カップ 220	(No.1) 154
シャンパン・ジュレップ 207	(No.2) 154
シャンパン・パンチ 211	スターズ・アンド・ストライプス
ジュエル 89	 154
ジュヌヴィエーヴ 75	スタマック・リヴァイヴァー . 154
ジュピター 91	スタンリー 154
ジョッキー・クラブ 89	スティンガー 154
ジョニー・マック 90	ストーン・フェンス 155
ジョバーグ 89	ストライクズ・オフ 155
ジョン・ウッド 90	ストレイツ・スリング 190
ジョン・コリンズ 190	ストレート・ロー 155
シルヴァー 148	ストロベリー・カクテル ... 155
シルヴァー・キング 148	スナイダー 150

スニッカー ･･････････ 150
スノウボール ････････ 150
スパニッシュ・タウン ･････ 152
スピオン・カプ ･･･････ 153
スプリング ････････ 153
スプリング・フィーリング ･･ 153
スペシャル・（ラフ）・カクテル
　････････････････ 185
スペシャル・ラフ ･･･････ 153
スペンサー ･･････････ 153
スマイラー ････････ 149
スマッシュ ････････ 208
スリー・ストライプス ････ 160
スリー・ミラー ･･･････ 160
スリーピイ・ヘッド ･･････ 149
スロー・ジン・カクテル ･･･ 149
スローベリー ･･････････ 149
スワイエ・オ・シャンパーニュ
　････････････････ 152
スワジ・フリーズ ･･････ 157
セシル・ピック・ミー・アップ
　････････････････ 43
ゼッド ････････････ 181
セビリャ
　(No.1) ･･････････ 145
　(No.2) ･･････････ 145
セプテンバー・モーン ････ 145
セブンス・ヘブン
　(No.1) ･･････････ 145
　(No.2) ･･････････ 145
セルフ・スターター ･････ 144

センセーション ･･･････ 144
セント・マーク ･･･････ 140
ソウル・キス
　(No.1) ･･････････ 151
　(No.2) ･･････････ 151
ソー・ソー ･･･････ 151
ソーシー・スー ･･････ 141
ソーダ・カクテル ･･････ 150
ソーテルヌ・カップ ･････ 221
ソーテルヌ・パンチ ･････ 215
ソノーラ ････････ 151
ソンザズ・ウィルソン ･･･ 151

た
ダービー ･･････････ 58
ダービー・フィズ ･･････ 195
ターフ ････････ 164
ダーブ ････････ 56
ダイアナ ･･････････ 59
ダイキリ ･･････････ 54
ダイナ ･･････････ 60
タキシード
　(No.1) ･･････････ 164
　(No.2) ･･････････ 164
ダグラス ･･････････ 62
ダッジ・スペシャル ･･･････ 61
ダッチェス ････････ 63
ダビー ････････ 63
ダリー・オデア ･･････ 62
タングルフット ･･････ 158
タンゴ ････････ 158

タンタロス	158
ダンディ	55
ダンヒルズ・スペシャル	63
ダンロップ	63
チェリー・ブロッサム	45
チェリー・ミクスチャー	45
チャーチ・パレード	47
チャーリー・リンドバーグ	96
チャールズ	44
チャールストン	44
チャイニーズ	45
チャンティクレアー	44
チューリップ	163
チョーカー	46
チョコレート・カクテル	
(No.1)	46
(No.2)	46
チンザノ・カクテル	47
チンザノ・スパークリング・カクテル	47
ツイン・シックス	164
ディアボラ	59
ディアボロ	59
T・N・T	161
ディープ・シー	57
デイヴィス	56
デイヴィス・ブランデー	56
ディキ・ディキ	59
ディキシー	60
ディキシー・ウィスキー	61
ディプロマット	60
ティペレアリ	
(No.1)	161
(No.2)	161
ティントン	161
デヴィルズ・カクテル	58
デヴォニア	59
テキサス・フィズ	200
デザート・ヒーラー	58
デプス・チャージ	57
デプス・チャージ・ブランデー	57
デプス・ボム	57
デューク・オブ・モールバラ	63
デュバリー	62
デュボネ	62
デュボネ・フィズ	195
デンプシー	57
テンプター	159
テンプテイション	159
ド・リゴール	58
トウェルヴ・マイルズ・アウト	164
ドーヴィル	56
トーピードウ	162
ドーン・ザ・ウェザー	56
ドクター	61
トディーズ	161
トム・アンド・ジェリー	162
トム・コリンズ	189
トム・コリンズ・ウイスキー	189
ドライ・マティーニ	62
トランスヴァール	162

ドリーム・・・・・・・・・・・・・・・・・62	ノックアウト・・・・・・・・・・・・・93
トリニティ・・・・・・・・・・・・・163	
トリルビー	**は**
(No.1)・・・・・・・・・・・・・・162	ハーヴァード・・・・・・・・・・・・・81
(No.2)・・・・・・・・・・・・・・163	ハーヴァード・クーラー・・・・201
トロカデロ・・・・・・・・・・・・・163	パーソナリティ・ア・ラ・ロワ
トロピカル・・・・・・・・・・・・・163	・・・・・・・・・・・・・・・・・・・・・121
	パーソンズ・スペシャル・・・・184
な	バートン・スペシャル・・・・・・・26
ナイト・キャップ・・・・・・・・112	バーニー・バーナートウ・・・・・26
ナインティーン・・・・・・・・・・112	バーバラ・・・・・・・・・・・・・・・・・26
ナインティーン・トゥエンティ	バーバリー・コースト・・・・・・・26
・・・・・・・・・・・・・・・・・・・・・113	パーフェクト・・・・・・・・・・・・120
ナインティーン・トゥエンティ・	バーボン・カクテル・・・・・・・182
ピック・ミー・アップ・・・・113	パーマー・・・・・・・・・・・・・・・118
ナインピック・・・・・・・・・・・・112	バーム・・・・・・・・・・・・・・・・・・25
ナポレオン・・・・・・・・・・・・・110	バイキュラ・・・・・・・・・・・・・・・39
ニコラシカ・・・・・・・・・・・・・112	バイター・・・・・・・・・・・・・・・・・29
ニッカーボッカー・・・・・・・・・92	パイナップル・カクテル・・・・123
ニッカーボッカー・スペシャル 93	パイナップル・ジュレップ・・207
ニックス・オウン・・・・・・・・112	パイナップル・フィズ・・・・・199
ニュー・ライフ・・・・・・・・・110	ハイボール・・・・・・・・・・・・・192
ニュー1920・・・・・・・・・・・111	ハイランド・クーラー・・・・・201
ニューオーリンズ・ジン・フィズ	ハヴァナ・・・・・・・・・・・・・・・・82
・・・・・・・・・・・・・・・・・・・・・197	ハカム・・・・・・・・・・・・・・・・・・80
ニュートンズ・スペシャル・・111	バカルディ・スペシャル・・・・・25
ニューベリー・・・・・・・・・・・110	バズ・スペシャル・・・・・・・・・・38
ニューヨーク・・・・・・・・・・・111	バス・ワイアット・・・・・・・・・・27
ニュルンベルク・パンチ・・・・214	バックス・フィズ・・・・・・・・194
ネヴァダ・・・・・・・・・・・・・・・110	パッツ・スペシャル・・・・・・・120
ノーズダイヴ・・・・・・・・・・・113	パディ・・・・・・・・・・・・・・・・・117

パナマ	118
バニー・ハグ	38
ハネムーン	82
バビーズ・スペシャル	25
パラダイス	119
ハリーズ	81
ハリーズ・ピック・ミー・アップ	81
ハリケーン	85
パリジャン	119
パリジャン・ブロンド	119
パルメット	118
ハロヴィアン	81
バロン	26
ハワイアン	82
ハンキー・パンキー	80
パンジー	118
パンジー・ブロッサム	119
パントマイム	119
ハンドレッド・パーセント	85
ビー・ア・デヴィル	x
B・V・D	39
ピーター・パン	121
ピーチ・カップ	221
ピーチ・ブロウ・フィズ	199
ビートウ	121
ビイル	39
ビイル・カシス	39
ビイル・スペシャル	39
ピカディリー	122
ピカド	122
ビクス・スペシャル	28
ピコン	123
ピコン・アンド・グレナデン	123
ビジュー	28
ビッグ・ボーイ	28
ビトウィーン・ザ・シーツ	28
ビフィ	28
ビルトン・ドライ	29
ピンキー	125
ピンク・ジン	124
ピンク・パール	124
ピンク・ベイビー	124
ピンク・レディ	124
ピンク・ローズ	125
ピンポン	123
ピンポン・スペシャル	124
ファイヴ・フィフティーン	71
ファイン・アンド・ダンディ	71
ファシネイター	70
ファンシー	69
ファンタジオ (No.1)	69
ファンタジオ (No.2)	69
フィービ・スノウ	122
フィッシュ・ハウス・パンチ	212
フィフス・アヴェニュー	70
フィフティ・フィフティ	70
フィラデルフィア・スコッチマン	121
フィルモグラフ	71
フィロメル	121
ブースター	34
"フーツ・モン"	84

プーバー ・・・・・・・・・・・・・・・ 127	(No.2) ・・・・・・・・・・・・・・ 126
プープ・デック ・・・・・・・・・・・ 127	ブランデー・ヴェルモット ・・・・ 35
"フープラ！" ・・・・・・・・・・・・・ 84	ブランデー・カクテル ・・ 34, 183
ブーメラン ・・・・・・・・・・・・・・ 33	（もうひとつのレシピ）・・・・ 183
フーラフーラ ・・・・・・・・・・・・・ 84	ブランデー・ガンプ ・・・・・・・・ 35
フェア・アンド・ウォーマー ・・ 68	ブランデー・クラスタ ・・・・・・・ 35
フェアバンクス	ブランデー・シュラブ ・・・・・ 191
(No.1) ・・・・・・・・・・・・・・・・ 68	ブランデー・スペシャル ・・・・・ 35
(No.2) ・・・・・・・・・・・・・・・・ 68	ブランデー・トディ ・・・・・・・ 186
フェアリー・ベル ・・・・・・・・・・ 68	ブランデー・パンチ ・・・・・・・ 211
フェイヴァリット ・・・・・・・・・・ 70	ブランデー・パンチのもと ・・ 217
フェルネット・ブランカ ・・・・・ 70	ブランデー・フィズ ・・・・・・・ 194
フォー・フラッシュ ・・・・・・・・ 72	ブランデー・フィックス ・・・・ 205
フォース・ディグリー ・・・・・・・ 72	ブランデー・ブレイザー ・・・・・ 34
フォールン・エンジェル ・・・・・ 69	プリヴェンション ・・・・・・・・・・・ xi
フォックス・トロット ・・・・・・・ 73	ブリュネル ・・・・・・・・・・・・・・ 38
フォックス・リヴァー ・・・・・・・ 72	ブリュノー ・・・・・・・・・・・・・ 130
ブッシュレンジャー ・・・・・・・・ 38	プリンスィズ・スマイル ・・・・ 129
フライング・スコッチマン ・・・・ 72	プリンストン ・・・・・・・・・・・ 129
プラザ ・・・・・・・・・・・・・・・・・ 126	プリンセス ・・・・・・・・・・・・・ 128
ブラジル ・・・・・・・・・・・・・・・・ 36	プリンセス・メアリー ・・・・・・ 129
ブラック・ヴェルヴェット ・・・・ 30	プリンセス・メアリーズ・プライド
ブラックソーン ・・・・・・・・・・ 29	・・・・・・・・・・・・・・・・・・・・ 129
ブラッシング・モナーク ・・・・・・・ x	フル・ハウス ・・・・・・・・・・・・ 74
ブラッド・アンド・サンド ・・・・ 30	フルー ・・・・・・・・・・・・・・・・ 71
ブラッドハウンド ・・・・・・・・・・ 30	ブルー・デヴィル ・・・・・・・・・ 31
フラッフィ・ラッフルズ ・・・・・ 72	ブルー・トレイン ・・・・・・・・・ 32
フランク・サリヴァン ・・・・・・・ 73	ブルー・トレイン・スペシャル
フランケンジャック ・・・・・・・・ 73	・・・・・・・・・・・・・・・・・・・・・ 32
ブランシュ ・・・・・・・・・・・・・・ 30	ブルー・バード ・・・・・・・・・・・ 31
プランターズ	ブルー・ブレイザー ・・・・・・・・ 31
(No.1) ・・・・・・・・・・・・・・ 125	ブルー・マンデー ・・・・・・・・・ 32

ブルーズ — 32	ヘルス — 82
ブルックリン — 38	ヘルスライナー — xi
ブルドッグ — 38	ベルメル — 118
ブレインストーム — 34	ベルモント — 27
プレーリー・オイスター — 128	ベントリー — 27
プレーリー・ヘン — 127	ホイスト — 174
プレーン・ヴェルモット — 125	ポーカー — 126
プレーン・シェリー — 125	ポート・ワイン・カクテル
ブレクファスト — 36	（No.1） — 127
ブレクファスト・エッグ・ノッグ	（No.2） — 127
— 188	ポート・ワイン・サングリア — 192
プレジデント — 128	ホームステッド — 83
プレスト — 128	ポーリーン — 120
フレンチ"75" — 73	ボーロー — 33
ブレントン — 30	ボザム・カレッサー — 34
ブロークン・スパー — 37	ホット・デック — 84
フロース・ブロウワー — 73	ホップ・トード — 84
ブロードウェイ・スマイル — 36	ホノルル
フロープ — 73	（No.1） — 83
ブロック・アンド・フォール — 30	（No.2） — 83
プロヒビジョン — 129	ポピー — 127
ブロンクス — 37	ボビー・バーンズ — 33
（シルヴァー） — 37	ホフマン・ハウス — 83
ブロンクス・テラス — 37	ホフマン・フィズ — 196
ヘイスティ — 81	ボルティモア・エッグ・ノッグ
ベギー — 120	— 188
ベグー・クラブ — 120	ポロ
ヘジテーション — 82	（No.1） — 126
ベネット — 27	（No.2） — 126
ベリー・ウォール — 28	ホワイト・ウイングズ — 176
ヘル — 82	ホワイト・カーゴ — 175

ホワイト・カクテル ------- 175
ホワイト・カラント・シュラブ
　------------------ 191
ホワイト・ブラッシュ ------ 176
ホワイト・ベイビー ------- 174
ホワイト・リリー -------- 176
ホワイト・レディ -------- 175
ホワイト・ローズ -------- 176
ボンベイ
　(No.1) ------------- 33
　(No.2) ------------- 33
ボンベイ・パンチ -------- 210

ま

マーヴェル ------------- 103
マージャン ------------- 99
マーニー -------------- 102
マーマレード ----------- 102
マウンテン ------------- 109
マカロニ -------------- 98
マグノリア・ブロッサム ----- 99
マクレランド ----------- 98
マティーニ
　(スイート) ---------- 103
　(スペシャル) --------- 103
　(ドライ) ----------- 102
　(ミディアム) --------- 102
マニヤン -------------- 101
マミー・テイラー -------- 100
マラガト（スペシャル） ----- 101
マルゲリート ----------- 101

マルティネス ----------- 102
マンハッタン
　(No.1) ------------- 100
　(No.2) ------------- 100
　(スウィート) --------- 101
　(ドライ) ----------- 101
マンハッタン・クーラー ---- 202
ミカド --------------- 105
ミシシッピ・ミュール ----- 106
ミスター・エリック・サットンズ・
　ジン・ブラインド ------- 157
ミスター・マンハッタン
　--------------- 106, 185
ミッキー・ウォーカー ----- 104
ミネハハ -------------- 105
ミュールズ・ハインド・レッグ
　------------------ 110
ミリオネア
　(No.1) ------------- 105
　(No.2) ------------- 105
ミリオン・ダラー -------- 105
ミルク・パンチ
　(No.1) ------------- 213
　(No.2) ------------- 214
ミレニアム ------------- ix
ミント・カクテル -------- 106
ミント・クーラー -------- 202
ミントジュレップ -------- 206
ムーラン・ルージュ ------- 109
ムーンシャイン ---------- 108
ムーンライト ----------- 108

ムーンライト・クーラー‧‧‧‧202
ムーンレイカー‧‧‧‧‧‧‧‧‧‧‧108
メアリー・ピックフォード‧‧103
メイ・ブロッサム・フィズ‧‧197
メイデンズ・ブラッシュ
　(No.1)‧‧‧‧‧‧‧‧‧‧‧‧‧‧‧99
　(No.2)‧‧‧‧‧‧‧‧‧‧‧‧‧‧‧99
メイデンズ・プレイヤー
　(No.1)‧‧‧‧‧‧‧‧‧‧‧‧‧‧‧99
　(No.2)‧‧‧‧‧‧‧‧‧‧‧‧‧‧‧99
メイフェア‧‧‧‧‧‧‧‧‧‧‧‧‧103
メリー・ウイドウ‧‧‧‧‧‧‧‧104
メルバ‧‧‧‧‧‧‧‧‧‧‧‧‧‧‧‧104
メロン‧‧‧‧‧‧‧‧‧‧‧‧‧‧‧‧104
モーニング‧‧‧‧‧‧‧‧‧‧‧‧‧109
モーニング・グローリー‧‧‧‧109
モーニング・グローリー・フィズ
　‧‧‧‧‧‧‧‧‧‧‧‧‧‧‧‧‧‧197
モーリス‧‧‧‧‧‧‧‧‧‧‧‧‧‧‧103
モール‧‧‧‧‧‧‧‧‧‧‧‧‧‧‧‧107
モダー・リヴァー‧‧‧‧‧‧‧‧107
モダーン
　(No.1)‧‧‧‧‧‧‧‧‧‧‧‧‧‧107
　(No.2)‧‧‧‧‧‧‧‧‧‧‧‧‧‧107
モンキー・グランド‧‧‧‧‧‧‧107
モンテカルロ・インペリアル‧108
モントリオール・アフター・ダーク
　‧‧‧‧‧‧‧‧‧‧‧‧‧‧‧‧‧‧‧‧x
モンペリエ‧‧‧‧‧‧‧‧‧‧‧‧‧108

や

ヤング・マン‧‧‧‧‧‧‧‧‧‧‧‧180
ユニオン・ジャック‧‧‧‧‧‧‧165
ユランダ‧‧‧‧‧‧‧‧‧‧‧‧‧‧‧165
ヨーク・スペシャル‧‧‧‧‧‧‧180
ヨーデル‧‧‧‧‧‧‧‧‧‧‧‧‧‧‧180
ヨコハマ‧‧‧‧‧‧‧‧‧‧‧‧‧‧‧180
ヨランダ‧‧‧‧‧‧‧‧‧‧‧‧‧‧‧180

ら

ライ・ウイスキー・カクテル‧139
ライン・ワイン・カップ‧‧‧‧221
ライン・ワイン・パンチ‧‧‧‧215
ラウド・スピーカー‧‧‧‧‧‧‧‧98
ラケット・クラブ‧‧‧‧‧‧‧‧131
ラシアン‧‧‧‧‧‧‧‧‧‧‧‧‧‧‧139
ラスキー‧‧‧‧‧‧‧‧‧‧‧‧‧‧‧‧94
ラズベリー‧‧‧‧‧‧‧‧‧‧‧‧‧132
ラッセル・ハウス‧‧‧‧‧‧‧‧138
ラトキンズ・スペシャル‧‧‧‧‧98
ラトルスネーク‧‧‧‧‧‧‧‧‧‧132
ラム・シュラブ‧‧‧‧‧‧‧‧‧‧191
ラム・フリップ‧‧‧‧‧‧‧‧‧‧187
リ・ヴィゴレータ‧‧‧‧‧‧‧‧133
リーヴ・イット・トゥー・ミー
　(No.1)‧‧‧‧‧‧‧‧‧‧‧‧‧‧‧94
　(No.2)‧‧‧‧‧‧‧‧‧‧‧‧‧‧‧95
リープ・イヤー‧‧‧‧‧‧‧‧‧‧‧94
リープ・フロッグ‧‧‧‧‧‧‧‧‧‧94

リッキー・・・・・・・・・・・・・203
リッチモンド・・・・・・・・・・・135
リトル・デヴィル・・・・・・・・・96
リトル・プリンセス・・・・・・・・96
リバティ・・・・・・・・・・・・・・95
リフォーム・・・・・・・・・・・・133
リリー・・・・・・・・・・・・・・・95
リンステッド・・・・・・・・・・・96
ルイージ・・・・・・・・・・・・・98
ルーレット・・・・・・・・・・・137
ルビー・フィズ・・・・・・・・・200
レイ・ロング・・・・・・・・・・・132
レイモン・ニュートン・・・・・131
レイモンド・ヒッチ・・・・・・・133
レインボウ・・・・・・・・・・・131
レゾルート・・・・・・・・・・・133
レディーズ・・・・・・・・・・・・93
レムセン・クーラー・・・・・・202
レモン・パイ・・・・・・・・・・・95
ロイ・ハワード・・・・・・・・・138
ロイヤル
　(No.1)・・・・・・・・・・・・・137
　(No.2)・・・・・・・・・・・・・137
　(No.3)・・・・・・・・・・・・・138
ロイヤル・クローヴァー・クラブ
　・・・・・・・・・・・・・・・・・138
ロイヤル・スマイル・・・・・・138
ロイヤル・フィズ・・・・・・・・199
ロウヒル・・・・・・・・・・・・・94

ロージントン・・・・・・・・・・137
ローズ
　(イングリッシュ)・・・・・・・136
　(フレンチ・スタイルNo.1)・136
　(フレンチ・スタイルNo.2)・136
　(フレンチ・スタイルNo.3)・136
ロード・サフォーク・・・・・・・97
ローマン・パンチ・・・・・・・・215
ロールスロイス・・・・・・・・・136
ローン・ツリー・・・・・・・・・・97
ローン・ツリー・クーラー・・201
ロサンジェルス・・・・・・・・・97
ロゼリン・・・・・・・・・・・・・137
ロッカコウ・・・・・・・・・・・135
ロック・アンド・ライ・・・・・135
ロブ・ロイ・・・・・・・・・・・135
ロブスン・・・・・・・・・・・・・135
ロング・トム・クーラー・・・・202
ロンドン・・・・・・・・・・・・・97
ロンドン・バック・・・・・・・・・97

わ

ワイオミング・スウィング・・178
ワウ・・・・・・・・・・・・・・・・178
ワシントン・・・・・・・・・・・171
ワックス・・・・・・・・・・・・・171
ワン・エキサイティング・ナイト
　・・・・・・・・・・・・・・・・・115

訳者略歴

日暮雅通（ひぐらし・まさみち）

1954年生まれ。青山学院大学卒。翻訳家。
訳書はマッカートニー『エニアック』、エイデルマン『サヴォイでお茶を』、同『ザ・サヴォイ・クックブック』、ラインゴールド『新・思考のための道具』（以上、パーソナルメディア）、マクドナルド『マッキンゼー』（ダイヤモンド社）、シュール『デザインされたギャンブル依存症』（青土社）、ハンセン『ファースト・マン』（河出書房新社）ほか多数。

サヴォイ・カクテルブック
The Savoy Cocktail Book

2002年12月20日 初版1刷発行
2019年 9月 1日 初版3刷発行

編著者	サヴォイ・ホテル
訳者	日暮雅通
発行所	パーソナルメディア株式会社
	〒142-0051 東京都品川区平塚2-6-13 マツモト・スバルビル
	TEL　　（03）5749-4932
	FAX　　（03）5749-4936
	E-mail　pub@personal-media.co.jp
	振替　　00140-6-105703
印刷・製本	日経印刷株式会社

©2002　Masamichi Higurashi
Printed in Japan
ISBN978-4-89362-196-2 C0077

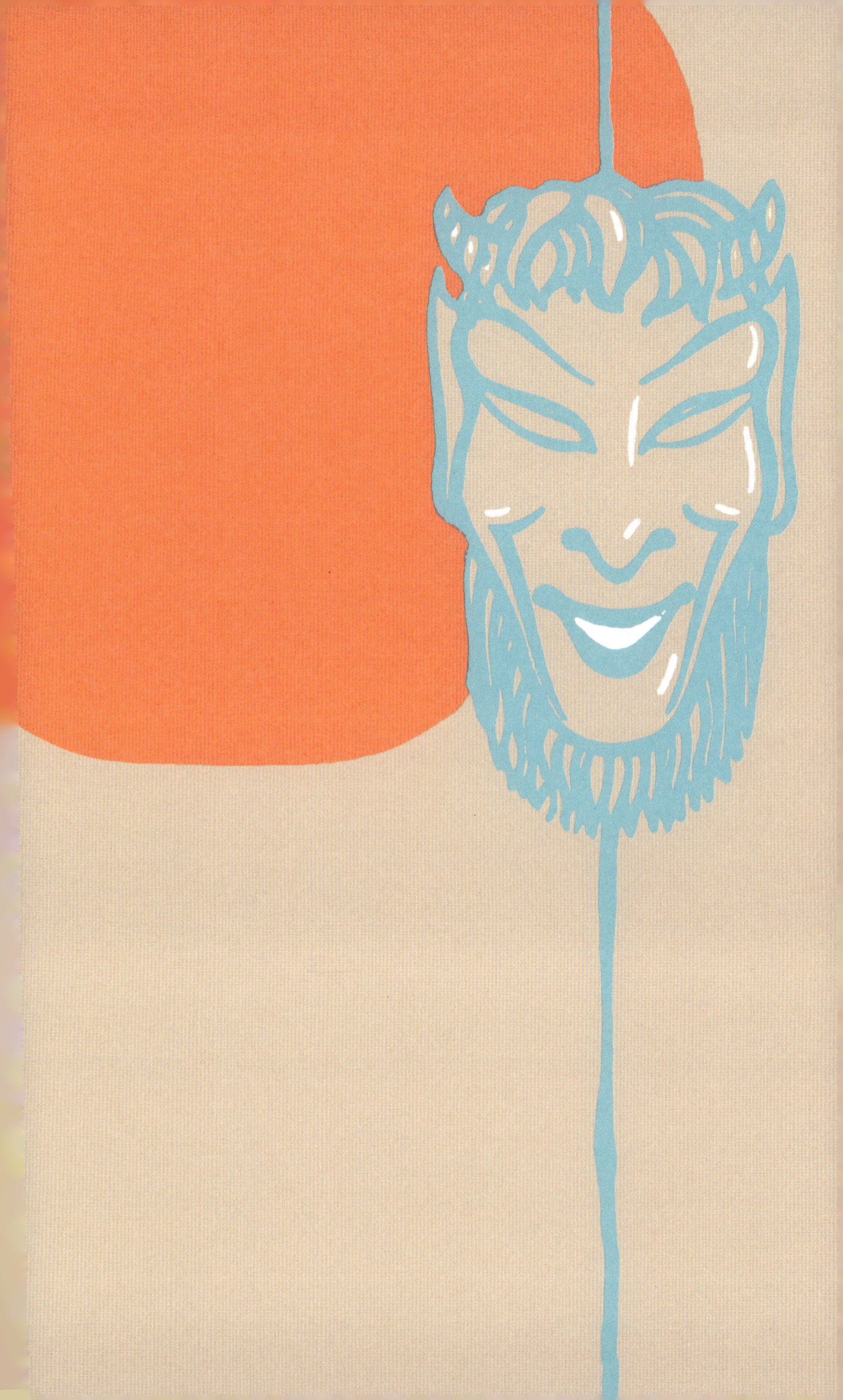